LETTRE

DE

M. MADIER DE MONTJAU,

Conseiller à la Cour royale de Nîmes, chevalier de la Légion
d'honneur,

A M. LAINÉ,

Ministre d'état, membre de la chambre des députés ;

PRÉCÉDÉE

De sa pétition à la Chambre des députés ; avec des considé-
rations constitutionnelles, par M. Jay ; des discours de
MM. Saint-Aulaire et Devaux, prononcés dans la séance
du 25 avril, en faveur de la pétition ; de la réponse de
M. Madier aux insultes de la *Quotidienne* ; d'une lettre
de M. Barbaroux, avocat de Nîmes, sur la pétition de
M. Madier de Montjau ; et de la pétition des veuves de
Nîmes.

*Ego hoc tamen assequar ut judicium potius reipu-
blicæ, quam aut rei judicibus aut accusator reis
defuisse videatur.*

CIC., *in Verrem.*

PARIS,

CHEZ CORRÉARD, PALAIS ROYAL, GALERIE DE BOIS,

—

1820.

PÉTITION

A LA CHAMBRE DES DÉPUTÉS.

Madier de Montjau, conseiller à la cour royale de Nîmes, chevalier de la Légion d'honneur, à MM. les membres de la chambre des députés.

Messieurs de la Chambre des députés ,

Les pétitions qui contiennent des vœux pour le maintien de nos institutions sont repoussées comme prématurées : je ne viens donc pas répéter ces vœux condamnés au silence. Je ne viens pas non plus exprimer des regrets superflus ; si je vous entretiens de mes craintes, c'est en m'appuyant de faits multipliés qui vous prouveront combien elles sont fondées.

Si je suis contraint à jeter un regard sur nos maux pas-sés , c'est pour vous montrer combien sont probables et combien seront terribles ceux dont nous sommes menacés. Daignez accueillir avec attention et intérêt une pétition individuelle à la vérité , mais inspirée par une conviction profonde et par le désir ardent de préserver ces contrées de l'incendie que je vois près de s'y allumer. Ecoutez-moi, quoique je me présente seul , et précisément parce que je suis seul, Députés de la nation : un homme seul n'affronte pas, sans la certitude d'une immense utilité , mille poi-gnards dirigés contre lui. Je ne vous dirai pas qu'en pré-sence de la mort on respecte la vérité, parce que mon nom et les fonctions que j'exerce, à la hauteur desquelles je me suis toujours maintenu , sont, j'ose le dire , d'assez sûrs garans de la sincérité de mes paroles.

J'implore votre intervention , parce qu'elle seule peut

I.

(4)

calmer les alarmes de ce malheureux département du Gard,
qu'effrayent également les horribles souvenirs du passé et
les possibilités de l'avenir.

Le 17 février, la fatale nouvelle parvint à Nîmes : tous
les amis de la patrie (et dans l'idée de la patrie je réunis
les Bourbons et la France), tous furent navrés de douleur.
Des joies atroces furent aperçues...., mais parmi ceux
qui déjà calculaient ce qu'un parricide exécrable devait
produire à leur égoïsme et à leur lâche ambition.

Le 18, dans la journée, arriva à Nîmes une circulaire
sous le n° 34, adressée par la comité-directeur de Paris,
et portant, entre autres choses : « Ne soyez ni surpris ni
« effrayés; quoique l'attentat du 13 n'ait pas amené sur-
« le-champ la chute du favori, agissez comme s'il était
« déjà renversé; nous l'arracherons de ce poste si l'on ne
« consent pas à l'en bannir : en attendant, organisez-vous;
« les avis, les ordres et l'argent ne vous manqueront
« pas ».

Immédiatement, et pendant les deux jours qui suivirent
la réception de cette circulaire, on entendit crier, ou,
pour mieux dire, hurler les cris de *vive le roi!* dont ils
savent faire une provocation. On revit les pantalons à bandelettes; on entendit crier sur le boulevard : « *Pourquoi,*
en 1815, n'avons-nous pas fait fin de cette race » ? En un
mot, l'attitude des hommes de la funeste année devint
aussi terrible que l'avaient ordonné leurs chefs de Paris.

La nouvelle composition du ministère ne satisfaisant pas
entièrement leurs espérances, ils parurent un moment
moins menaçans; mais afin de remonter tous les ressorts,
on fit venir ce trop fameux colonel qu'à toutes les époques
de trouble, Nîmes voit apparaître comme un sinistre pré-
sage : ce colonel que notre triumvirat de 1815 trouva trop
dangereux pour ne pas l'éloigner, et à qui il promit, en
1820, de faire donner le commandement militaire du Gard
dès qu'on jouira du ministère *aux moyens extrêmes.* Cette
apparition produisit l'effet désiré; et le zèle fut si bien
exalté, que dans des lieux publics où les *implacables* de
1815 tenaient leurs détestables conseils, un des plus for-
cenés, dont les paroles furent approuvées et commentées
par un autre, s'écria : « Qu'attendons-nous ! Eh ! qu'im-
« porte que nous n'ayons pas encore un ministère royaliste?
« Sabrons ces misérables, leur sang produira des royalistes.
« N'est-ce pas avec du sang et de la terreur qu'en 93 ils ont
« fait des républicains » !

Cette ardeur se serait bientôt répandue au-dehors sans

l'arrivée d'une circulaire portant le n° 35., et dans laquelle se trouvaient ces phrases : « Nous vous demandions, il y a « peu de jours une attitude imposante ; nous vous recom- « mandons aujourd'hui le calme et la réserve les plus sou- « tenus. Nous venons de remporter un avantage décisif, « en faisant chasser Decazes.

« *De grands services peuvent nous être rendus par le* « *nouveau ministère ; il faut donc bien se garder de lui* « *montrer des sentimens hostiles.* Nous vous le répétons, « du calme, le plus grand calme.

« Il faut diriger tous vos soins vers les adresses. Il est « très-fâcheux que, sur ce point, les libéraux nous aient « prévenus, et que leurs adresses soient rédigées avec « une infernale habileté ; cela nous prouve de plus fort, « combien ce parti doit s'entendre d'un bout de la France « à l'autre. De notre côté, ne cessons pas de nous entendre. « Il faut que nos adresses soient nombreuses ; faites-en « jusque dans les hameaux ; et qu'à côté des sentimens de « douleur se trouve énergiquement exprimée la nécessité « de venger un attentat et d'anéantir les doctrines libé- « rales. »

Non moins dociles à ces nouveaux ordres qu'aux pre- miers, les implacables s'occupèrent sans délai de leurs adresses. Alors nous entendîmes le village de Sauve de- mander dans la sienne des mesures PROMPTES ET TER- RIBLES ; alors nous entendîmes un fonctionnaire très- relevé présenter à un conseil municipal un projet d'adresse où se trouvaient ces mots : « *Il est temps, Sire, il est* *temps d'abjurer la clémence, et de ne régner que par* *l'épée.* »

J'ai acquis la certitude que la circulaire 35* est partie le même jour pour tous les départemens, et les adresses que cette circulaire a inspirées ont été les mêmes d'un bout de la France à l'autre.

Ces faits, messieurs les Députés, doivent être bien con- nus des ministres. Ils ne doivent pas ignorer par qui ont été portées de Paris ici, en moins de trois jours, ces deux dernières circulaires et les trente-trois qui les avaient pré- cédées. La police doit alors avoir fait retentir à leurs oreilles les paroles horribles que je viens de rapporter et dans lesquelles les *implacables* dévoilent leur secret pour créer des royalistes. Si les ministres ne le savent point par la po- lice ordinaire, ils doivent le savoir par la police du duc de

---

(*) Voyez *Bibliothèque historique*, 14ᵉ vol., 1ᵉʳ cahier.

Feltre dont un des agens était présent lorsque ces paroles ont été proférées, à moins que cette police n'ait servi avec fidélité que celui qui nous l'a léguée et le rédacteur des circulaires.

Sera-ce de moi que les ministres devront apprendre quel est le redoutable factieux qui a rédigé et envoyé ces trente-cinq circulaires ? Qu'ils sachent donc qu'elle est l'ouvrage de cet homme à la tête et au cœur machiavéliques, lequel dit en 1815 : *Quoi ! M. de***. vous venez devant moi vous vanter d'avoir sauvé la vie du maréchal Soult,* après l'avoir fait arrêter ! Insensé ! *apprenez de moi que dans les conjonctures où nous sommes, on n'arrête pas un maréchal de France : on le tue ! ! !* Les ministres ont-ils besoin d'une désignation plus claire ? Faut-il leur articuler ce nom ? eh bien ! je le leur dirai, moi, devant les tribunaux, le jour où ils mettront ce grand coupable en accusation, ainsi que la France l'a un moment espéré, après la découverte de la note secrète.

Les implacables de Nîmes oseront-ils me démentir ? Qu'ils me démentent, mais qu'ils tremblent en songeant que tous leurs complots sont révélés à l'instant même où ils les forment, par des personnes qui, désespérées d'avoir été un moment entraînées par eux, se condamnent au supplice de les entendre et de les voir encore, afin de déjouer leurs sanguinaires desseins.

Qu'ils entreprennent aussi de nier les faits qui me restent à dévoiler. Dans la nuit du 7 au 9 janvier, n'ont-ils pas, réunis au nombre de vingt, formé un conciliabule pour ordonner une inspection secrète de leur garde nationale, et y remplacer plusieurs bas-officiers décédés ? N'ont-ils pas, dans ce conciliabule, arrêté leur plan d'attaque et de calomnie contre la garnison, pour en obtenir la translation ?

Par l'intermédiaire de mes amis, j'ai prévenu le ministre de la guerre du moment où cette demande lui serait adressée ; j'ai nommé le personnage obscur qui la présenterait à Paris, et qui la ferait appuyer par un personnage éminent. Enfin, j'ai dit les infâmes motifs de cette demande. Frappé de l'évidence de ces motifs et de la coïncidence de mes avertissemens avec les démarches qu'il a vu faire autour de lui, son excellence le ministre de la guerre a reconnu combien il importait à la tranquillité du Gard de laisser à Nîmes la même garnison : son excellence a fait et réitéré à mes amis la promesse de ne pas éloigner cette garnison.

L'événement affreux du 13 février a fait renouveler les mêmes démarches. Cette fois, les implacables ont été satisfaits. L'ordre est donné, et sera dans peu de jours exécuté. On les délivre de cette garnison incommode, coupable d'une discipline parfaite et de sentimens élevés ; coupable surtout de n'avoir jamais voulu fraterniser dans aucune orgie avec les assassins de cette garnison, non moins infortunée que brave, égorgée à Nîmes en 1815, après une capitulation.

A notre ancienne garnison, vont succéder les Suisses ! ! ! Je ne suis pas encore assez *bon Français*, je l'avoue, pour ne pas m'attrister de voir des étrangers remplacer nos légions ; et il suffirait de la joie immodérée qu'en témoignent les hommes de ces désastreuses années, pour m'avertir que cet événement est affligeant.

Vous le savez, ministres du roi, et j'en ai encore les preuves, le gouvernement a été pleinement convaincu qu'au mois de mars dernier, un complot sanguinaire avait été formé contre cette partie de la population de Nîmes, dont le sang avait coulé en 1815 ; que ces hommes, réduits à s'armer pour leur défense, avaient montré autant de sagesse que de résolution, et que leur courage avait sauvé le département. Ministres du roi, je vous en conjure, si ce n'est pas par reconnaissance, ah ! du moins, par humanité, ne laissez pas Nîmes un seul jour sans une garnison forte et inaccessible à l'esprit de parti. Les mêmes circonstances amèneraient les mêmes résultats, et ces hommes, si long-temps opprimés, ne sont pas aujourd'hui moins disposés qu'au mois de mars dernier à vendre chèrement leur vie à leurs assassins.

Mais, me répondra-t-on peut-être, vous avez écrit naguère que le calme régnait à Nîmes ? Je n'ai pu, je n'ai voulu parler que de ce calme extérieur qui souvent précède la tempête. Nous étions tranquilles aussi au mois de juillet 1815, et depuis quarante-huit heures le drapeau blanc flottait sur toutes nos maisons, lorsque les implacables firent tout-à-coup sonner le tocsin dans cette nuit, où six mille furieux, accourus à ce signal, se précipitèrent dans Nîmes, et la traitèrent comme une ville prise d'assaut.

Le calme semblait renaître aussi depuis quelques jours, lorsque l'avant-veille des élections de 1815, *seize personnes* furent égorgées et portées à la voirie en plein jour.

Oui, le calme règne, mais la rage d'un côté et le désespoir de l'autre possèdent tous les esprits. Le calme règne, mais les partis s'observent en frémissant.

Et, comment en serait-il autrement ? Naguère les implacables reconnaissaient par leur silence l'équité de cette tardive satisfaction accordée aux mânes des victimes de 1815. Ils se taisaient sur les arrêts de la cour d'assises de Riom. Après avoir conçu le projet d'envoyer à Riom un avocat dévoué pour y défendre Servant et Truphémy, ils reculèrent devant ce grand scandale. Eh bien! aujourd'hui, ils disent partout..... Grand Dieu! ..... Ils disent que Servant était innocent!!! Et telle est la terreur qu'inspire une si extrême audace, que j'ai entendu un citoyen recommandable se faire l'écho de ces discours et me dire « *le sang innocent vient d'être répandu à Riom.*

Je consens à ne point parler de la souscription ouverte en faveur de Truphémy ; mais ce qu'ils n'oseront pas nier, c'est d'avoir envoyé à Valence pour y défendre ce grand coupable rival et peut-être maître de Trestaillons, le major de leur garde-nationale, membre du barreau de Nîmes. Cet avocat qui avait obtenu un triomphe dans l'honorable défense de Boisson, l'assassin du général Lagarde a été moins heureux dans la défense de Truphémy ; mais il lui a évité une condamnation capitale. Aussitôt on a vu la faction semant partout d'incroyables discours sur le malheur de Servant qui, disent-ils, aurait été acquitté si son jugement avait été retardé de trois mois; sur la sévérité de l'arrêt de Truphémy pour lequel ils ont l'impudence d'annoncer un recours en grâce.

Toutes les sourdes provocations sont employées : mêmes menées qu'en 1815, 1816 et 1817 au mois de mars. Annonce du débarquement de Napoléon, affiches de placards incendiaires : et si dans Nîmes ils ne poussent pas encore des cris séditieux, on le doit à la crainte que leur inspire l'intrépidité du procureur du Roi ; on le doit au souvenir de la condamnation qui, sur les poursuites de ce magistrat, fut prononcée l'année dernière contre le sieur Bois de Milhau, dont le jugement a légalement constaté que le sieur Bois avait eu plusieurs conférences avec son ami Trestaillons avant de proférer dans les campagnes *ces cris de vive l'empereur*, que Bois et son digne ami espéraient pouvoir attribuer aux protestans.

Enfin, pour achever de troubler les esprits et compléter la terreur, ils ne daignent plus cacher que leur garde nationale est armée. Ils disent qu'elle va bientôt obtenir une ordonnance qui lui rendra une existence légale; ils ajoutent dans leur folle jactance qu'elle veut solliciter l'honneur de servir d'avant-garde à la Sainte-Alliance, pour aller faire rentrer l'Espagne dans le devoir. Loin de bannir les prolétaires de leurs rangs, ils veulent y rappeler une poignée de misérables qu'ils avaient été obligés d'éloigner lorsqu'ils voulurent apaiser par un commencement d'épuration le général Lagarde dont le nom héroïque se lie à tout ce qui a pu soulager les souffrances de ces malheureuses contrées.

Je me fais un devoir de reconnaître (et certes ce n'est point par un sentiment de crainte, mais d'équité, que je me plais à consigner ici cette vérité); je reconnais que beaucoup de citoyens très-honnêtes ne sont entrés dans cette garde nationale que dans l'espoir de lui imprimer une bonne direction ; qu'ils n'y sont restés qu'afin d'empêcher que son exaltation ne devînt encore plus dangereuse ; et que si, malgré l'inutilité de leurs efforts, ils n'en sont pas sortis, ils n'ont pas cessé de gémir hautement des excès dont ce corps a toujours été le complaisant et immobile témoin : voilà ce que je dois dire de beaucoup d'individus, mais quant à l'esprit du corps, il a été jugé par la France.

Députés de la nation, je vous conjure d'interposer vos recommandations auprès des ministres de Sa Majesté pour faire opérer le désarmement de cette redoutable garde nationale.

Je vous conjure d'en prévenir la réorganisation, si vous regardez comme le plus grand des fléaux la guerre civile.

N'en serait-elle pas le signal, la réorganisation de cette garde? je vous adjure de le déclarer, vous, membre de la Chambre des députés, alors un des ministres du Roi, et sous le ministère de qui nous reçûmes le bienfait de son licenciement.

D'autres calamités nous sont annoncées, et nous devons les regarder comme certaines depuis que nous savons qu'elles ont été sollicitées par les mêmes hommes qui viennent d'obtenir l'expulsion de la garnison. Les implacables se vantent du renvoi du procureur du Roi et du maire de Nîmes : et en effet, les ministres aux moyens extrêmes, les ministres qui ne veulent que sept hommes par département, doivent réserver à ces deux courageux magistrats l'honneur des deux premières lettres de cachet qui sortiront de leur portefeuille.

Une demande d'une haute importance me reste à présenter à la Chambre. Mais pour lui en démontrer l'urgence, pour lui démontrer que c'est à elle seule que je pourrais recourir, quelques considérations générales et rapides sont nécessaires sur la position des divers corps de magistrature en France.

Les uns, au moment de la grande calamité, se sont renfermés dans le langage d'une douleur profonde ; d'autres ont mêlé à leurs soupirs des accusations : aussitôt (et sans doute au grand regret de ces magistrats), une faction s'est emparée de leurs paroles et a prononcé l'anathème contre les magistrats qui n'ont accueilli ni propagé la pensée d'une vaste et générale conspiration. Il en est arrivé que dans cette crise où une faction s'élance vers le pouvoir et paraît certaine de s'en saisir, une partie de la magistrature s'est trouvée de fait dépouillée de son autorité par l'influence des implacables auprès de qui toute modération est un crime, et qui taxent de lâcheté des actes d'une haute sagesse.

Des magistrats, égarés par des traditions funestes, prendraient-ils pour de la fermeté la barbare et insolente obstination que mirent (dit-on) leurs devanciers à ne point réhabiliter la mémoire de Calas ? prendraient-ils pour du dévouement ce déplorable zèle à séparer la nation du monarque et ces insultes à la douleur d'un peuple généreux qui s'est uni si vivement à la douleur de son roi ?

S'élançant avec violence hors des attributions dans lesquelles nos lois, d'accord avec l'expérience, les ont si heureusement renfermés, pour la commune tranquillité des princes et des sujets, ils ont soumis la France entière à leur véhémente mercuriale ; ils ont fulminé un acte d'accusation où chacun se trouve inculpé ; que dis-je ! importunés qu'ils paraissent être de vos prérogatives, ils étendent déjà leur haute police jusqu'à vous, messieurs de la Chambre des députés. Ils font peser leurs remontrances hautaines sur quelques-uns de vos collègues dont ils dénaturent les opinions pour les frapper d'anathème.

Parce qu'un monstre exécrable a profané des mots sacrés, après avoir commis un parricide, ils accusent les doctrines libérales !!! et ils semblent oublier les attentats auxquels, dans tous les temps, une religion sainte a servi de prétexte ; ils oublient qu'un prêtre, respectable jusqu'alors, courageusement dévoués jusqu'alors aux victimes de la persécution, a été contraint à la plus cruelle expiation de cette conduite évangélique ; qu'il a été obligé, sous peine de mort, à demander en rougissant, à un de nos princes, la liberté de Trestaillons , arrêté par ordre du général Lagarde. Ils oublient les belles paroles par lesquelles ce prince rappela à ce pasteur et ses devoirs et sa vie passée ; ils oublient que sous leurs yeux Lagarde et Ramel , tous deux représentans du roi, sont tombés sous le fer meurtrier, AUX CRIS DE VIVE LE ROI ; ils oublient enfin que c'est encore sous leurs yeux que les assassins de Lagarde et de

Ramel ont été acquittés aux cris DE VIVE LE ROI ; et lorsque pas un de ces écrivains qu'ils dénoncent n'a eu l'impiété d'accuser ni le roi ni la religion, de tant de forfaits commis en leur nom, ils ne craignent pas d'accuser du forfait le plus abominable ces écrivains généreux et tout un peuple encore noyé dans les larmes, et dont ils semblent ne comprendre ni la générosité ni les vœux.

Magistrats des cours royales du midi, l'ame du monarque est déjà en proie à trop d'afflictions ! ne la troublons pas davantage par des conseils violens. Commençons par rendre la sécurité aux peuples dont l'épouvante est entretenue par l'impunité des assassins de Brune, de Lagarde et de Ramel. Comprimons par notre fermeté les véritables anarchistes, les véritables factieux, ceux qui ont conduit les bras des *Verdets*, ceux qui ont organisé ces sociétés secrètes, tribunaux véimiques, qui menacent de renverser les nôtres. Si après ces actes de justice que nous devons au peuple, nous le trouvons encore indocile, ou défiant, ah ! c'est alors que nous aurons vraiment acquis le droit de l'accuser et de le punir.

Magistrats des cours royales du midi, je vous en conjure au nom du roi et de la patrie, écoutez-moi ! Si vous portez le poids d'une grande ame et d'une noble ambition, écoutez-moi ! Nos institutions les plus saintes peuvent incessamment être renversées par les atteintes qui leur sont portées sans relâche par des furieux réunis à des hommes pusillanimes.

Avant le choc effroyable que cette criminelle témérité prépare, hâtons-nous d'acquérir des titres à la reconnaissance et au respect des peuples, si nous voulons pouvoir lui offrir au milieu des orages une salutaire médiation. Que ceux d'entre vous qui regrettent peut-être les privilèges des anciens magistrats, se rappellent aussi les glorieux exemples qu'il nous ont laissés ; je sais qu'on les vit tour-à-tour esclaves prosternés sous le fouet de Louis XIV, et tribuns redoutables sous l'infortuné Louis XVI. Mais s'ils ne nous avaient légué que ces souvenirs, la postérité qui a déjà commencé pour eux ne leur accorderait pas ce tribut de vénération et de reconnaissance que les générations futures leur payeront comme nous.

Imitons-les dans leur héréditaire et inébranlable fermeté contre les usurpations de l'homme. Et si la gravité des circonstances nous paraît excuser et légitimer des démarches inaccoutumées, oui, portons au pied du trône des doléances, mais dans lesquelles nous peindrons au monarque la désolation publique à l'approche de ce concordat que les minis-

tres laissent suspendu sur nos têtes ; de ce concordat qui
menace d'envahir la France, et qui complétera son dés-
honneur quand elle aura perdu d'autres libertés attaquées
en ce moment avec autant d'imprévoyance que de fureur.

Magistrats des cours royales du midi, ce que nos devanciers auraient envisagé comme de simples devoirs, nous
paraît encore des vertus difficiles d'atteindre. Ne soyons
donc pas plus sévères pour la nation, qui nous juge à son
tour, que les étrangers dont elle a conquis l'estime. Ne
l'accusons pas, cette nation, et laissons au roi seul à dé-
cider si son peuple n'a pas été encore plus calme, encore
plus résigné, encore plus grand dans ses fortunes, que les
magistrats n'ont été intrépides dans l'accomplissement de
leurs devoirs.

Qu'on me pardonne des observations trop fondées, et
qu'on ne m'accuse point de m'ériger sans besoin et sans
droit en juge des discours de plusieurs corps de magistrature : comme Français et comme magistrat moi-même,
j'ai le droit et peut-être le devoir d'opposer ces salutaires
réflexions *aux écarts d'un zèle trop ardent*. J'ai la conscience de n'avoir rien dit qui doive être repris ; j'ai la conscience de n'avoir point, par ces paroles, diminué la dignité
de la toge. C'est vous que j'en atteste, vous, sage et courageux député qui êtes à la fois le chef et la gloire de la
cour de Nîmes ; et vous magistrat aussi intègre qu'intrépide
député, vous que la magistrature eut la douleur de voir
repousser de son sein à l'époque où une première prési-
dence récompensait les services d'un procureur général,
célèbre en 1816 et 1817, pour prouver à la chambre que
l'influence de la faction aux notes secrètes, pèse du moins
en quelques lieux sur la magistrature, d'une manière non
moins funeste en 1820 que dans les années antérieures ; je
pourrais l'entretenir d'un outrage également affligeant pour
la morale publique et pour la dignité de la cour royale, qui
vient de se voir dans la nécessité de le tolérer sans se plaindre.
Je consens à me taire sur ce point : il est des voiles que je
ne veux pas déchirer ; mais je vous le demande, Députés
de la nation, par quelle force serait appuyée l'exécution
de l'art. 235 (*) du Code d'instruction criminelle, article
qui jusqu'à présent n'a été invoqué qu'une fois en faveur
des Suisses ! ! !

(*) Cet article porte que les cours royales peuvent prendre l'ini-
tiative dans la poursuite des crimes et délits.

Quel ministre même se croirait assez puissant pour oser ordonner en ce moment la poursuite des hommes qui ont suicidé le maréchal Brune ? ? ?

Et cependant, si au moment où l'on ose répandre que Truphémy demandera sa grâce et que Servant est un martyr, aucune poursuite n'est dirigée contre leurs complices : au premier désordre, les chefs de la faction pourront, en frappant du pied la terre, en faire sortir ici, je ne dis pas une bande, mais une armée d'assassins.

Vous seuls, Députés de la nation, pouvez demander ces exemples de justice aujourd'hui indispensables ; vous seuls pouvez par votre intervention arrêter cette puissance secrète aussi forte qu'indéfinissable et qui semble paralyser les honorables intentions du ministère actuel. Loin de moi la pensée de vouloir diminuer la haute estime dont je vois en possession plusieurs hommes placés à la tête des affaires et dont les noms réclament un respect qu'il serait si doux pour les bons citoyens d'accorder à leurs actes. Loin de moi l'idée qu'on ne peut fonder aucune espérance sur un ministère, où je trouve un homme que je suis accoutumé dès l'enfance à respecter et qui a partagé avec mon père les douleurs de l'exil du 18 fructidor ; où je trouve ce grand magistrat dont le courage et le talent brillèrent d'un si vif éclat dans son discours mémorable prononcé il y a un an à pareil jour que celui-ci.

Hélas ! qui nous eût dit, lorsque les criminels furent glacés d'effroi par ce discours plein de franchise et d'énergie, qu'un an après ces criminels seraient, non-seulement impunis, mais menaçans ? Non, ce n'est pas vous que la France accuse, vous à qui j'adresse d'autant plus hautement cet hommage, que la magistrature en deuil cessera de vous avoir pour chef dès que le pouvoir aura été saisi par les hommes de nos adversités.

Elle en accuse cette redoutable faction qui connaît tous les engagemens autres que celui pris avec ses sicaires de les protéger contre la vengeance des lois.

Députés de la nation, demandez justice dans l'intérêt du département du Gard tout entier ; demandez aux ministres de poursuivre Truphémy et Trestaillons, mais loin de Nîmes et des départemens du midi.

Mon honorable ami, le procureur du roi de Nîmes, en acceptant ses difficiles fonctions il y a quinze mois, déclara avec franchise qu'il ne s'imposait pas l'obligation d'accéder aux demandes que lui présentaient en foule les familles des victimes de 1815, et qu'il ne croyait pas avoir été nommé précisément pour appurer un effroyable arriéré ; qu'il croyait pouvoir garantir par sa fermeté la tranquillité de l'avenir, sans remonter vers le passé ; qu'à la vérité tous les crimes qu'on voulait punir étaient des crimes individuels, mais que le nombre des assassins était si grand, que la pensée de les punir tous était affligeante ; que plusieurs années s'étant déjà écoulées, un choix parmi ces grands criminels, était un acte qui semblait n'appartenir qu'au gouvernement ; qu'enfin les coupables de 1815, seraient par lui poursuivis sans faiblesse comme sans délai, dès qu'ils se rendraient coupables de quelque faute nouvelle. Les mouvemens de mars ayant eu lieu, et Truphémy s'y étant fait remarquer ainsi que Servant, ils furent poursuivis.

J'applaudis à cette règle de conduite du procureur du Roi, et chacun sait quels efforts je n'ai cessé de faire pour apaiser les plaintes de ceux qui s'irritaient de ces refus.

Je répétais que ce sacrifice était nécessaire à la paix publique ; que les instigateurs des forfaits de 1815 seraient sans doute les premiers à exhorter leurs satellites à se faire oublier et à rester tranquilles, puisque ce n'était qu'à cette condition qu'ils pourraient échapper aux poursuites.

Enfin, lors du procès de Truphémy et de Servant, j'insistais plus fortement que jamais sur la nécessité de ne poursuivre les auteurs des faits de 1815, que dans le cas où ils montreraient, par des excès nouveaux, l'intention de retomber dans les mêmes crimes.

Ces deux grands exemples de Servant et de Truphémy semblaient avoir amené leurs complices à une crainte salutaire ; plusieurs s'étaient éloignés de Nîmes, les autres continuaient à y rester, mais sans encourir de nouveaux reproches.

Depuis un mois tout a changé ; les fugitifs sont rentrés fièrement, ils parlent de Servant avec attendrissement, de Truphémy avec confiance ; ils ne se montrent pas encore en armes, mais déjà leurs regards sont menaçans.

Les temps ont entièrement changé. Voilà pourquoi je vous supplie, messieurs les Députés, de demander que des poursuites soient dirigées contre Truphémy et Trestaillons. Contre ce dernier, pour les horreurs qui lui ont valu son effrayante réputation. Quant à Truphémy, acquitté à Nîmes, en 1816, pour vol commis à main armée, et avoué par lui sur le banc même des accusés, il vient d'échapper à la peine capitale pour le meurtre de l'officier qu'il égorgea le 2 août ; mais il reste à le pouruisvre encore pour

des assassinats sur onze dont il s'est publiquement vanté !
Voilà l'homme pour lequel ils veulent former un recours
en grâce ! !

Eh bien, qu'en sa double qualité d'avocat et de major
de la garde nationale de Nîmes, le défenseur de Boisson
aille dix fois encore arracher Truphémy aux cours d'assises ; que dix fois encore le scandale de son acquittement
achève de faire connaître à la France le pouvoir et le des-
sein d'une faction contre laquelle la justice n'a plus de force.

Eh quoi ! cette amnistie que la chambre de 1815 elle-
même n'osa pas accorder aux assassins du midi, quoiqu'un
député la sollicitât si vivement, l'obtiendraient-ils aujourd'hui sans la demander ? Eh quoi ! sont-ils donc plus
forts aujourd'hui qu'en 1815, où un député du Gard im-
plorait vainement leur pardon ? Des paroles fam uses leur
ont-elles déjà persuadé qu'ainsi que le *despotisme se prend
et ne se demande pas*, de même les hommes forts et habiles
s'assurent-l'amnistie, sans s'abaisser à la mériter par le
repentir ?

Les terreurs de la France entière et l'agitation de ce malheureux département, m'annoncent assez que les hommes
de 1815 vont envahir le pouvoir ; et c'est précisément
à cause de cela qu'il faut demander la punition de Truphémy et de Trestaillons. Députés de la France, plaçons
d'avance les hommes de nos adversités dans cette terrible
alternative, ou de voir leur complicité révélée par leurs
propres sicaires, s'ils les laissent condamner après leur
avoir si long-temps promis et si long-temps assuré l'impunité, ou de voir cette complité déjà si évidente, encore
mieux prouvée par l'acquittement des monstres dont ils
arment le bras.

Députés de la France, demandez justice avec moi ; si
vous ne l'obtenez pas, vous aurez du moins l'avantage de
faire peser l'ignominie de ces acquittemens sur une faction
que déjà le mépris accable, et qui doit enfin succomber
sous le poids de la honte.

Trestaillons et Truphémy ont été les deux chefs principaux des assassins de Nîmes, ils ont présidé aux massacres
commis l'avant-veille des élections de 1815, et qui furent
accompagnés de tous les raffinemens de la barbarie. Ils escortaient ce fatal tombereau qui attendaient les victimes à
la porte de leurs maisons, et les portait à la voirie quand
elles avaient été frappées. Trois fois en plein jour ce tombereau traversa Nîmes pour aller déposer et reprendre un

effroyable chargement. Voilà sous quels auspices ont été faites les élections de 1815.

Un député du Gard, qui était en même temps magistrat, demanda pour ces hommes une amnistie. Comme lui je suis magistrat, et c'est ce qui m'oblige à demander justice contre eux au nom des familles de leurs victimes.

Si quelques-uns de ces hommes, qui, à une époque désastreuse, étouffèrent la voix du courageux d'Argenson, rejettent mon témoignage; si même ils m'accusent d'exagération, ils m'obligeront à vous parler de ces proclamations incendiaires qui, loin de vouloir calmer la rage des bourreaux, allaient soulever la lie du peuple, au milieu de ses plus impurs élémens.

Je ferai retentir cet arrêté d'un commissaire extraordinaire, qui, le 20 juillet 1815 (observez cette date), à l'époque la plus féconde en pillages et en assassinats, ordonnait à des infortunés qui avaient fui pour éviter la mort, de rentrer dans Nîmes dans le délai de huit jours, sous peine de séquestration de biens.

Les despotes de l'Asie, moins cruels et moins absurdes, envoyent à leurs esclaves le cordon fatal, mais jamais ils ne leur ordonne de venir le chercher!!

Je parlerai de ce sous-préfet, sous les fenêtres de qui six prisonniers furent fusillés à Uzès, sans avoir obtenu même un simulacre de jugement.

Hommes impitoyables, je parlerai aussi de cet autre fonctionnaire plus relevé, qu'un pasteur s'efforçait d'émouvoir par le récit déchirant du supplice de plusieurs femmes fouettées par le peuple avec des battoirs garnis de pointes aigües, et qui répondit en souriant : *Allez, monsieur, les magistrats de Paris auraient trop à faire, s'ils avaient à s'occuper des querelles de la place Maubert.*

Je parlerai de ces misérables qui, après avoir pillé et brûlé le château de Vaqueirolles, arrachèrent du tombeau, où elle avait été ensevelie depuis peu de jours, le corps de mademoiselle N****, morte à l'âge de quinze ans, et qui, après avoir sorti ce cadavre du cercueil.... *Conculcaverunt corpus exanimum et super illud minxerunt.*

Je parlerai de ces danses de Cannibales autour du bûcher du malheureux Ladet, jeté vivant dans les flammes, où ses bourreaux le firent expirer.

Je parlerai de ces prisonniers français abandonnés sans

pitié à la justice militaire autrichienne par des magistrats et des administrateurs français qui entendirent donner dans un banquet l'ordre de faire mourir les prisonniers sans s'y opposer et sans les réclamer.

Je parlerai du massacre qui suivit la capitulation du 13e régiment de ligne, et des mille apologies imprimées de cette atrocité.

Hommes de 1815, je nommerai, je compterai les quatre-vingt-cinq victimes que vos sicaires ont égorgées à Uzès ou à Nîmes, non-compris les malheureux soldats du 13e de ligne.

Honnêtes gens par excellence, implacables de 1815, acceptez le défi que je vous porte à mon tour, demandez une enquête sur cette lamentable époque. Il faut que la France apprenne par cette enquête, ou que le garde-des-sceaux, M. de Saint-Aulaire, M. d'Argenson et moi nous sommes d'infâmes calomniateurs, ou que vous avez été des monstres de cruautés.

Députés de la nation, je pourrais ajouter d'autres traits à cet horrible tableau, je pourrais en dire beaucoup plus, mais j'aurais été coupable d'en dire moins.

Ma voix vient de rendre témoignage à la vérité : je renouvellerai ce témoignage, toutes les fois que j'aurai lieu de craindre de voir renouveler cette monstrueuse persécution.

Aucune puissance sous le ciel ne pourra m'empêcher d'être pitoyable et juste. Le moment actuel réclame encore plus ce devoir, et c'est alors que les victimes d'atrocités inouies gémissent sous un vaste système de calomnies, c'est quand on s'efforce d'éterniser les défiances du gouvernement, et d'étouffer dans leur principe les sentimens réciproques de sécurité et d'amour, c'est alors qu'il convient le mieux d'invoquer à la fois la justice et la pitié.

Messieurs les Députés, je vous supplie de vouloir bien renvoyer ma pétition au conseil des ministres, avec la recommandation d'examiner :

1o S'il n'est pas d'une indispensable nécessité de laisser Nîmes garantie par une garnison aussi forte que celle qui va lui être enlevée ;

2o S'il ne doit pas être enjoint à tous les commandans des forces armées, conformément aux lois et ordonnances en vigueur, de ne porter d'autres circulaires ou dépêches que celles du gouvernement ;

2

3o Si l'action du ministère public ne doit pas cesser d'être arrêtée relativement au moins à Truphémy et à Trestaillons ;

4o S'il n'est pas indispensable de juger ces deux hommes au moins à quarante lieues de Nîmes et hors des départemens du midi ;

5o S'il n'est pas également nécessaire que la police administrative interdise aux anciens gardés nationaux de Nîmes les signes de ralliement et uniformes qui ne sont autorisés que pour les corps légalement organisés ;

6o Enfin, s'il n'est pas très-urgent de faire exécuter le désarmement effectif de la garde nationale de Nîmes.

Au moment de finir et de signer cette pétition, je ne puis me défendre des terreurs qui viennent ébranler mon âme.... Mais quoi ! ces infortunés au sort desquels je me suis uni pour jamais, que j'ai consolés, que j'ai préservés du désespoir pendant leurs infortunes, en ne cessant de les entretenir de la sagesse et de la bonté du roi ; ces hommes dont je m'efforçai d'arrêter la juste colère au mois de mars dernier, auront-ils à me reprocher d'avoir exigé d'eux des sacrifices entièrement inutiles ? auront-ils à me reprocher d'avoir négligé une dernière tentative en leur faveur, lorsque leurs ennemis préparent leurs armes en silence ? Non, je n'hésite plus à accomplir mon devoir.... Députés, je ne vous implore que pour ce département, ma patrie adoptive : je ne vous demande rien pour ma famille. Ah ! si je dois un jour succomber sous les poignards des assassins dont je suis environné, je n'ai pas besoin de vous recommander mes deux fils, ils sont assez riches de mon exemple et de mon nom.

Daignez agréer l'hommage du profond respect avec lequel j'ai l'honneur d'être, messieurs les Députés,

Votre très-humble et très-
obéissant serviteur.

MADIER de Montjau.

Nîmes, 23 mars 1820.

CONSIDÉRATIONS CONSTITUTIONNELLES

SUR LA PÉTITION

DE M. MADIER DE MONTJAU;

PAR M. JAY.

M. DE MONTJAU assure que le ministre a eu connaissance des faits contenus dans sa pétition. « Les ministres con- « naissent aussi, dit-il, le redoutable factieux qui a rédigé « et envoyé ces trente-cinq circulaires. » Le courageux ma- gistrat de Nîmes offre de nommer ce factiex devant les tribunaux. C'est le même qui disait en 1815, à une personne coupable d'avoir sauvé la vie au maréchal Soult : « *Quoi*, monsieur, *vous venez devant moi vous vanter* « *d'avoir sauvé la vie au maréchal Soult, après l'avoir* « *fait arrêter ! Apprenez de moi que dans les conjonc-* « *tures où nous sommes, on n'arrête pas un maréchal de* « *France, on le tue.* » Il paraît que c'est au même factieux que nous devons les fameuses notes secrètes.

M. de Montjau défie les révolutionnaires de Nîmes de nier ces faits. Ils ne nieront pas non plus les conciliabules qu'ils tenaient au mois de janvier dernier, pour faire l'ins- pection secrète de leur garde nationale, et combiner les calomnies dont ils avaient besoin, pour éloigner une gar- nison qui ne voulait pas *fraterniser* avec leurs bandes d'as- sassins. Ces projets échouèrent au mois de janvier ; depuis ils ont réussi : des troupes suisses vont remplacer l'ancienne garnison de Nîmes, trop amie de l'ordre et de la paix.

Ici, M. de Montjau s'adresse aux ministres, et les con- jure de ne pas laisser Nîmes un seul jour sans une garnison forte et inaccessible à l'esprit de parti. Il les conjure de prévenir de sanglantes catastrophes ; car les citoyens me- nacés ont pris la ferme résolution de se protéger eux-mêmes, si les lois cessaient de les protéger, et de disputer courageusement leur vie au fer des assassins. « Le calme « règne encore, dit-il, mais la rage d'un côté, et le dé- « sespoir de l'autre possèdent tous les esprits. Le calme « règne, mais les partis s'observent en frémissant. »

Un fait rapporté par M. de Montjau révèle la cause de ces provocations séditieuses dont les ultra-royalistes pro- fitent pour calomnier le peuple français. Le jugement d'un *sieur Bois de Milhau* a constaté : Que le sieur *Bois* avait « eu plusieurs conférences avec son ami Trestaillons « (*Troistaillons*) (1), avant de proférer dans les campagnes « ces cris de *vive l'empereur!* que *Bois* et son digne ami « espéraient pouvoir attribuer aux protestans. »

L'audace de ces hommes de malheur, qui pillent au nom de la religion, et assassinent au cris de *vive le roi*, est aujourd'hui à son comble ; ils arment leur garde nationale, et s'apprêtent à la réorganiser ; de sorte que tout sera prêt à l'avènement du ministère ultra pour commencer la guerre civile. En attendant cette époque si impatiemment attendue, on s'efforce d'obtenir le renvoi du procureur du roi et du maire de Nîmes, deux hommes courageux et probes qui n'entendent rien aux moyens extrêmes, qui ne savent qu'obéir à leur conscience et remplir leur devoir.

Le respectable pétitionnaire observe avec amertume que la redoutable influence des hommes de 1815 s'exerce même sur les tribunaux où la loi seule devrait régner. Il rappelle, en gémissant, l'impunité des assassins du maréchal Brune, des généraux Lagarde et Ramel, des protestans massacrés en 1815 aux portes du collége électoral de Nîmes. Cette effrayante impunité consterne les bons citoyens et atteste l'impuissance de la justice ; il voudrait que les magistrats du Midi eussent assez de fermeté pour comprimer les vé- ritables anarchistes, ceux qui ont conduit les coups des *verdets* ou *verdelets*, ceux qui ont formé les sociétés se- crètes, ateliers ténébreux où la vengeance forge ses armes, et où le crime s'élabore.

Il ne reste qu'un seul moyen d'éviter de grands mal- heurs, et de replacer les habitans du Midi sous la protection des lois ; c'est de mettre en jugement Truphémy et Tres- taillons ; le premier a été acquitté à Nîmes en 1816 pour vol commis à main armée ; il vient d'échapper à la peine ca-

---

(1) Cet ultra-royaliste a reçu le sobriquet de *Troistaillons*, parce qu'après avoir tué un protestant, il a coutume, dit-on, de couper le cadavre en trois morceaux.

pitale pour le meurtre d'un officier qu'il égorgea le 2 août ; mais comme il s'est publiquement vanté de onze assassinats, assez de crimes impunis pèsent sur sa tête pour que la justice puisse atteindre ce criminel. Quant à Trestaillons qui s'est acquis une si horrible célébrité, il présidait avec Truphémy aux massacres des malheureux protestans. Ces deux ultra-royalistes escortaient le fatal tombereau qui portait les cadavres à la voirie. Trois fois, en plein jour, ce tombereau traversa Nîmes pour aller déposer et reprendre son effroyable chargement. Voilà sous quels favorables auspices s'ouvrirent les élections qui enfantèrent monstrueusement la chambre ardente de 1815.

M. de Montjau ne pense pas que personne soit assez téméraire pour nier les faits qu'il avance, si la moindre dénégation s'élève il offrira le tableau dévoilé des épouvantables excès dont le département du Gard a été le théâtre : il rappellera les proclamations incendiaires destinées à irriter la rage des bourreaux ; il parlera de ces détenus fusillés à Uzès ; il citera cette réponse d'un magistrat à un pasteur qui s'efforçait de l'émouvoir en faveur de plusieurs femmes que les ultra-royalistes fouettaient impitoyablement avec des battoirs garnis de pointes aiguës. « *Allez*, « lui répondit ce fonctionnaire en souriant, *allez mon-* « *sieur ; les magistrats de Paris auraient bien à faire s'ils* « *avaient à s'occuper des querelles de la place Maubert.* » M. de Montjau n'oubliera ni les danses des cannibales autour du bûcher du malheureux Ladet, jeté vivant dans les flammes, ni les outrages commis sur le cadavre d'une jeune protestante, agée de quinze ans, outrages que la pudeur le force à exprimer en latin, et sur lesquels je n'ose arrêter l'imagination du lecteur.

Passons rapidement sur d'autres faits non moins odieux ; sur ces prisonniers qui furent exécutés au sortir d'un banquet ; sur le massacre qui suivit la capitulation du 13e régiment de ligne ; sur les quatre-vingt-cinq victimes dont le sang fut répandu à la même époque. M. de Montjau assure qu'il peut les compter et les nommer ; puis, il s'écrie : « Honnêtes gens par excellence, acceptez le défi que je « vous porte à mon tour. Demandez une enquête sur cette « lamentable époque. Il faut que la France apprenne sur « cette enquête, ou que M. le garde des sceaux (M. de « Serres), M. de Saint-Aulaire, M. d'Argenson et moi nous « sommes des calomniateurs, ou que vous avez été des « monstres de cruautés. »

Après cette juste et véhémente apostrophe, M. de

Montjau supplie la chambre des Députés de renvoyer sa pétition au conseil des ministres , avec la recommandation
« d'examiner.

« 1º S'il n'est pas d'une indispensable nécessité de laisser
« la ville de Nîmes garantie par une garnison aussi forte
« que celle qui va lui être enlevée;

« 2º S'il ne doit pas être enjoint à tous les commandans
« des forces armées de ne porter d'autres circulaires ou
« dépêches que celles du gouvernement;

« 3º Si l'action du ministère public ne doit pas cesser
« d'être arrêtée, relativement du moins à Truphémy et à
« Trestaillons ;

« 4º S'il n'est pas indispensable de juger ces deux
« hommes hors du département du Gard;

« 5º S'il n'est pas également nécessaire que la police
« administrative interdise aux anciens gardes nationaux
« de Nîmes les signes de ralliement et les uniformes qui
« ne sont autorisés que pour les corps légalement orga-
« nisés ;

« 6º Enfin, s'il n'est pas très-urgent de faire exécuter
« le désarmement effectif de la garde nationale de
« Nîmes. »

M. de Montjau , en signant cette pétition, n'a pu se défendre de quelques terreurs ; il se dévoue par cette noble
démarche aux poignards des assassins : c'est en présence
de la mort qu'il écrit ; mais son devoir, mais le salut de
son pays l'emportent sur la certitude des dangers auxquels il s'expose; l'héroïsme des la Vaquerie, des Mathieu
Molé, revit dans ce magistrat. Ce qui est digne de remar-
que, c'est l'attachement que M. de Montjau professe pour
le roi et son auguste famille; de sorte qu'il pourrait dire ,
comme son devancier et son modèle, Achille de Harlay :
« Mon âme est à Dieu, mon cœur au roi : et quant à
« mon corps, je l'abandonne aux méchans qui désolent
« le royaume. »

Telle est la fidèle analyse de la pétition de M. Madier de
Montjau, pétition que la chambre des Députés ne saurait
repousser par l'ordre du jour, sans les plus graves incon-
véniens pour elle-même, pour la France, pour l'autorité
royale. Les réflexions naissent en foule à la lecture de ce
document historique. Je vais choisir celles qui se présen-
tent le plus naturellement à l'esprit.

J'ai dit que la faction ultra-royaliste était ennemie de
l'indépendance du trône. Qui pourrait en douter, lorsqu'elle se vante hautement d'avoir forcé le monarque à

éloigner un ministre qui jouissait de sa confiance ? *« S'il « n'est pas chassé, nous l'arracherons de son poste »* , écrivent-ils avec arrogance. Ainsi il reste bien constaté qu'il y a deux gouvernemens en France, l'un ostensible, l'autre secret ; que ce dernier est parfaitement organisé, qu'il entretient des correspondances actives sur tous les points du royaume ; qu'il expédie des estafettes, qu'il envoie des ordres, que ces ordres sont fidèlement exécutés ; qu'il a une force armée à sa disposition, des fonds en réserve pour la solder ; enfin qu'il peut tout-à-coup surgir des ténèbres et soumettre la France à un joug de fer. En exigeant impérieusement le renvoi d'un ministre qui avait encouru sa haine, il a fait l'essai de sa puissance. Il ne saurait en rester là ; l'ambition s'accroît par le succès. Déjà son influence sur le ministère n'est pas douteuse ; il commande des destitutions, il paraît dicter jusqu'au langage des ministres.

Ce n'est pas sans peine que j'en fais l'observation ; les ministres se livrent aussi à ces accusations vagues contre les doctrines qui, n'offrant rien de déterminé, peuvent servir de prétexte à toutes les calomnies, à toutes les vengeances. Ne vaudrait-il pas mieux rédiger un symbole de foi politique, qui nous servirait de point de comparaison pour savoir si nous sommes orthodoxes ou hérétiques ? Il y aurait au moins quelque chose de positif dans cette manière de jauger les doctrines. L'inquisition elle-même fixait les croyances : quelque goût qu'on ait pour l'arbitraire, on pourrait se contenter de celui de l'inquisition.

Il est hors de doute qu'en recommandant à leurs affidés d'insister dans la fabrication de leurs adresses sur l'anéantissement des *doctrines libérales*, les membres du comité directeur entendent les doctrines constitutionnelles, c'est-à-dire les principes qui garantissent la légitimité des droits du peuple aussi bien que la légitimité des droits du trône. Il ne reste qu'une difficulté, c'est que, pour anéantir ces doctrines, il faudrait détruire la nation française ; car ces principes font sa gloire et feront tôt ou tard son bonheur. La persécution ne ferait qu'étendre leur empire. Quoi que puissent imaginer les hommes qui proposent si heureusement, comme un excellent modèle, les proscriptions de 93, on n'étouffe point les doctrines dans le sang ; le poignard d'un Truphémy ne saurait atteindre une opinion ; les opinions survivent à toutes les catastrophes, lorsqu'elles sont conformes aux besoins, aux intérêts, aux vœux des peuples, lorsqu'elles sont fondées sur l'éternelle justice, sur l'éternelle vérité.

Les ministres paraissent croire que l'agitation de ces esprits, cette fermentation dont l'existence ne peut être contestée, tient à l'accroissement progressif des théories libérales. C'est une dangereuse erreur, c'est une erreur qui peut amener les plus fâcheux résultats. M. de Montjau s'est chargé d'éclairer le ministère, et je vais ajouter quelques considérations à ses excellentes remarques.

Oui, sans doute, il existe une agitation réelle dans les esprits, et cette agitation peut devenir dangereuse. Vous en cherchez la cause : elle est auprès de vous ; elle est dans l'existence de ce comité directeur qui vous impose des lois, qui s'occupe nuit et jour à tenir les passions soulevées, à armer une partie de la population contre l'autre partie ; qui dicte des adresses empreintes de ses fureurs, qui couvre notre avenir de ténèbres et d'orages. Vous vous déchaînez contre certains écrivains ; mais pourquoi ne parlez-vous pas de ceux qui ont porté la licence à son comble ; de ceux qui, au milieu de l'affliction publique, ont appelé la vengeance, provoqué la guerre civile, donné les plus scandaleux exemples de mensonge et de diffamation ? Où est la justice, où est la force dans ces pusillanimes réticences ? Serait-ce que ces écrivains accusent, défendent, calomnient ou se taisent suivant les ordres du gouvernement occulte? Ce n'est donc pas vous qui gouvernez? Eh bien! c'est encore là une des causes les plus actives de l'inquiétude générale. Votre dépendance est connue ; quelle confiance voulez-vous qu'on ait dans vos promesses, quelle sécurité dans votre modération? Savons-nous si vous serez libres d'acquitter vos promesses ; si l'on daignera vous permettre la modération ?

Osera-t-on nier les circulaires, les faits cités par M. de Montjau? Mais ce qui s'est passé à Paris, à une récente et douloureuse époque, ne confirme-t-il pas le témoignage de ce vénérable magistrat ? Le lendemain de l'assassinat d'un prince digne de tous nos regrets, *des joies atroces* n'ont-elles pas été aperçues? *Une attitude imposante* n'a-t-elle pas été commandée ? et quelle attitude ! Des sicaires, animés d'une rage soldée ; n'ont-ils pas troublé la paix publique ? ne les a-t-on pas entendus au Palais-Royal s'écrier : *Il faut nous laver les mains dans le sang de tous les libéraux ?* N'est-ce pas alors que des feuilles dégoûtantes de bassesse et de lâcheté fomentaient le désordre, marquaient les victimes, exigeaient des proscriptions ? A peine la chute du ministre, objet de tant de fureurs, est-elle décidée, nouveau coup de théâtre ; tout rentre dans le calme : c'est la seconde circulaire, c'est le second acte de la tragédie oligarchique : chaque personnage joue admirablement son rôle en attendant la catastrophe.

Aucun homme de bonne foi ne saurait révoquer en doute l'existence du gouvernement de la faction. Oserait-on, après cela, blâmer les craintes des bons citoyens qui ne veulent que la paix, qui ne demandent que le repos, qui n'appellent de tous leurs vœux que le règne des lois, et qui n'osent compter sur rien avec un ministère équivoque, avec l'idée toujours présente que les anarchistes de 1815 peuvent usurper violemment le pouvoir ? Vous reprochez à quelques écrivains d'alarmer les acquéreurs des biens nationaux. Tournez vos regards vers la faction organisée ; c'est là ce qui excite leurs inquiétudes ; car, dans son langage comme dans sa pensée, tout acquéreur de biens nationaux est un révolutionnaire, tout révolutionnaire est un proscrit. Croyez à l'instinct de l'intérêt ; il trompe rarement les hommes (1).

Il n'est point de machinations que n'emploient les ennemis de la liberté publique pour arriver à leur but. M. de Montjau cite une de ces machinations qui ont été répétées avec succès en plusieurs lieux. Je veux parler de ce sieur *Bois de Milhau* qui, d'accord avec Trestaillons, voulait attribuer aux protestans les cris de *vive l'empereur !* que lui même avait proférés. Cette infernale tactique n'a-t-elle pas eu lieu à la suite des élections de 1816 ? Des hommes apostés n'ont-ils pas fait entendre d'horribles paroles ? N'est-ce pas de ces propos inspirés et payés qu'on est parti

---

(1) Demandera-t-on encore quels sont ceux qui alarment les acquéreurs des biens nationaux, quels sont ceux qui méconnaissent la Charte ? Lisez ce qui suit, et prononcez !

Les sieurs Julien, Dayme, et plusieurs autres habitans de la commune d'Eguilles, département des Bouches-du-Rhône, avaient acquis divers immeubles, vendus par l'état, par suite de l'émigration du marquis d'Eguilles et de ses enfans.

Le 13 juillet 1815, époque où une réaction si violente eut lieu en Provence, deux cents hommes de la garde urbaine de Marseille se rendirent à Eguilles, et arrêtèrent deux des acquéreurs des biens de l'ancien seigneur, qui furent conduits dans les prisons d'Aix. Ils en sortirent le 2 août. Le lendemain et les jours suivans, dix de ces acquéreurs parurent devant un notaire, et signèrent des actes de revente au profit du marquis Alexandre d'Eguilles, petit-fils de l'ex-seigneur.

Lorsque les troubles furent apaisés, les actes de revente furent attaqués par ceux qui les avaient signés. Ils soutinrent que ces actes

pour répandre d'injurieuses déclamations, pour égarer l'opinion des hommes crédules, pour calomnier insolemment les meilleurs citoyens? On se souvient encore de cet ancien militaire de l'armée de Condé, qui, à l'époque où la loi de recrutement fut exécutée pour la première fois, se mêlait parmi les jeunes gens, poussait des vociférations séditieuses, et cherchait à exciter une révolte. Surpris au milieu de ces tentatives, ce fidèle agent des ultrà-royalistes ne fut pas plus heureux que le sieur *Bois;* placé sous la main de la justice, son délit fut légalement constaté, et il en subit le châtiment.

Le ministère se trompe s'il imagine qu'il puisse rendre à cette faction des services assez éminens pour en être constamment appuyé. On ne lui tiendra pas compte même du système des deux degrés d'élection qui tend à déshonorer le commerce, l'industrie, la petite propriété, en les privant du droit de concourir directement au choix de leurs représentans, de leurs défenseurs naturels; projet qui, s'il était adopté, détruirait l'égalité constitutionnelle si chère à la nation. Le ministère conservera l'appui qu'il s'est procuré tant que les oligarques pourront se servir des ministres pour suspendre nos libertés, pour dénaturer nos institutions : elle les brisera ensuite comme des instrumens inutiles. Que les ministres fassent une expérience ; qu'ils accueillent la pétition de M. de Montjau ; qu'ils prennent les mesures propres à assurer la tranquillité du midi, en livrant aux tribunaux les coupables souillés de tant d'excès, les hommes qui ont commis tant d'outrages envers l'humanité ; qu'ils s'expliquent franchement sur la situation de la France, sur

---

leur avaient été extorqués par les violences et les vexations qu'on leur avait fait éprouver, et par les menaces auxquelles ils avaient été en butte ; ils soutinrent de plus que le prix stipulé dans les réventes n'était qu'apparent, et qu'en le supposant réel, il y avait lésion énorme.

Le tribunal, et ensuite la cour royale d'Aix, ont rejeté leur demande. Le moyen tiré de la violence a été écarté par le motif que les faits articulés n'étaient pas assez graves. Le moyen résultant de la lésion a également été déclaré inadmissible, sous le prétexte qu'il ne s'agissait pas de ventes ordinaires, mais de retrocessions au profit de l'ancien propriétaire *injustement dépouillé*, et que les vendeurs devaient être considérés comme ayant acquitté une *obligation naturelle.*

La cour de cassation vient d'annuler l'article de l'arrêt de la cour d'Aix, pour violation de l'art. 9 de la Charte, duquel il résulte qu'il n'est permis d'établir aucune différence entre les acquisitions de biens nationaux et celles de toutes autres propriétés.

le danger des sociétés secrètes, du comité directeur; ils connaîtront alors à quel prix on leur accorde une insultante protection. Qu'ils cessent seulement de destituer des fonctionnaires qui, dévoués au roi, sont aussi dévoués à la charte, et les échecs qu'ils éprouveront aux deux chambres les avertiront suffisamment combien l'appui des factions est fragile, combien il est dangereux.

Nos ministres ont d'excellentes intentions! je suis porté à le croire; mais depuis quand les intentions suffisent-elles pour gouverner un état comme la France? ils veulent le bien! mais suffit-il de le vouloir? Ceux qui aspirent à la noble ambition d'influer sur les destinées des peuples, ne devraient-ils pas consulter leurs forces! s'ils ne se sentent pas assez d'énergie pour échapper au joug des factions; s'ils n'ont pas assez de caractère pour maintenir leur indépendance; s'ils sont forcés de flatter, de ménager, que dis-je, de servir une autorité rivale de l'autorité légitime; s'ils ne savent, dans l'accomplissement de leurs devoirs braver ni la haine des méchans, ni les calomnies des ennemis de l'ordre, qu'ils déposent le fardeau du pouvoir, il est trop pesant pour eux.

Mais vous aurez un ministère ultra-royaliste! — Que nous importe! De tous les maux qui affligent les sociétés politiques, l'incertitude est peut-être le plus pénible de tous. Du moins, la nation saurait à quoi s'en tenir. Au lieu de la traîner vers l'abîme des révolutions par des routes tortueuses, on l'y conduirait par une route directe. Cela serait mieux. On saurait plutôt de quel côté est le nombre, la force et le talent

On ne peut se défendre de quelque amertume en considérant toutes les peines qu'on se donne pour mal gouverner la France, tandis qu'il serait si facile de la bien gouverner. Il y a dans tout faux système une erreur fondamentale, cherchons à la découvrir!

Grâces à la véhémence des déclamations, à la ténacité des imposteurs, on est parvenu à faire considérer les partisans de la charte comme les ennemis du roi et de la famille royale, comme des jacobins, des révolutionnaires. Cette fausse idée peut perdre la France. Les amis de la charte sont dévoués au roi dont la charte est l'ouvrage, aux princes qui ont juré de la maintenir. Si toute espérance n'est pas flétrie au fond des cœurs; si quelque chance de salut nous sourit encore, c'est que nous tournons nos regards vers le trône; c'est que nous attendons de la sagesse et de la fermeté royale, quelques-unes de ces grandes résolutions, de ces actes magnanimes qui imposent silence aux factions, qui raffermissent les sociétés ébranlées sur leurs bases naturelles, qui fondent à jamais l'empire de l'ordre et des lois.

Si vous voulez connaître les amis et les ennemis du roi, examinez quels sont ceux qui s'affligent lorsque la santé du monarque est menacée; quels sont ceux qui s'en réjouissent. Sont-ce les libéraux ou les ultra-royalistes qui font des vœux au ciel pour qu'il conserve la vie du roi? Voulez-vous savoir quels sont les ennemis des princes? ce sont les ultra-royalistes, qui vont insinuant partout que les princes repoussent les idées de liberté légale; qu'ils ne reconnaissent aucun droit aux peuples, qu'ils sont les chefs d'une faction, et qu'elle monterait avec eux sur le trône. Voilà les ennemis, les vrais ennemis de la dynastie des Bourbons; voilà ceux qui compromettraient volontiers son existence pour envahir le pouvoir, pour recomposer ce qu'ils nomment les grandes propriétés, pour établir en leur faveur le monopole de la liberté.

A Dieu ne plaise que je confonde avec ces hommes passionnés, avec ces agens impurs d'un comité directeur et usurpateur, tout le parti royaliste! On y trouve en grand nombre des hommes sans expérience, sans connaissance de l'état réel des choses, qui se laissent facilement éblouir, et qui sont de bonne foi dans leurs erreurs. On leur a dit que la nation était révolutionnaire; on a fait sonner très-haut à leurs oreilles les mots de religion, de morale, d'honneur; et ils croient pieusement que la France veut revenir sur une révolution accomplie et terminée; et ils s'imaginent qu'il n'y a plus parmi nous d'honneur, de morale, de religion. Qu'ils ouvrent enfin les yeux à la lumière, qu'ils examinent la conduite de ses nouveaux apôtres; qu'ils se rappellent quels ont été les instigateurs des excès du Midi, les provocateurs de la guerre civile dans Nîmes; qu'ils lisent la pétition de M. de Montjau, et qu'ils prononcent.

Cette pétition est un service important rendu au roi, rendu à la patrie. Elle assure à son auteur la vénération de tous les bons citoyens; elle pose un flambeau sur le bord de l'abîme. Si nous périssons maintenant, ce ne sera pas faute d'un avertissement salutaire. Toute la vérité aura été dite; la France entière l'aura entendue. Que si les craintes du grand magistrat de Nîmes se réalisaient, si la signature de sa pétition avait été son arrêt de mort, il emporterait avec lui les regrets amers de ses concitoyens; sa mémoire serait consacrée dans leurs cœurs reconnaissans, et son exemple à jamais cité comme un modèle de dévoûment héroïque et de patriotisme.

DISCOURS

De MM. Saint-Aulaire et Devaux, prononcés dans la séance du 25 avril, en faveur de la pétition.

Discours de M. de Saint-Aulaire.

LES assurances qui viennent d'être données par M. le ministre de l'intérieur, et auxquelles pour ma part j'accorde une grande confiance, ont détruit une partie des motifs qui m'appelaient à cette tribune. Peut-être même que je me déciderais à garder le silence, si les dispositions de la chambre n'annonçaient qu'une discussion doit nécessairement avoir lieu. S'il est certain que la sollicitude de la chambre réclame des éclaircissemens sur les faits dénoncés dans la pétition, il convient à des hommes, qui ne sont étrangers ni aux personnes ni aux localités du département du Gard, de prendre part à cette discussion, et je croirais manquer à mes devoirs envers ce département et envers la chambre, si je ne lui donnais pas tous les renseignemens qui sont à ma connaissance sur l'état du département du Gard.

Je vais donc essayer de remplir cette tâche dans la vue de l'intérêt public.

A Nîmes, les haines sont très-vives, plus animées que dans aucune ville du monde. Une partie de la population accuse l'autre d'avoir voulu, d'avoir soudoyé, d'avoir fait systématiquement exécuter les désordres de 1815 ; elle l'accuse d'attendre et de chercher des occasions qui rendraient possibles le renouvellement de ces désordres. En répétant ces accusations, je n'ai pas le projet de leur donner du crédit ; pour ma part je les crois injustes, elle calomnient le caractère français. Les crimes de 1815 n'appartiennent qu'aux misérables qui les ont commis ! Mais à Nîmes autant que partout ailleurs en France, les masses sont honnêtes et généreuses.

Je dois ajouter cependant que le parti auquel on impute les excès de 1815 , a commis une faute immense. Lorsque les crimes de cette époque ont été commis , les hommes honnêtes, quelles que fussent leurs opinions politiques, devaient élever à l'envi un cri de détestation. Mais les choses ne se sont pas passées ainsi. Par un misérable esprit de parti aussi malhabile dans sa combinaison que coupable dans son principe moral , on a voulu étouffer la vérité et en imposer à l'indignation du monde. J'ai vu à Nîmes des hommes honorables qui , j'ose le croire , auraient exposé leur vie pour sauver des victimes, conserver des ménagemens pour les plus féroces meurtriers , je les ai entendus, poussant à l'absurde le système de dénégation , nier des crimes commis à la clarté du soleil, en présence d'une population immense , des crimes dont les murailles de la ville rendent encore de sanglans témoignages.

Sans doute une telle conduite semblait calculée pour porter à l'extrême , et l'irritation , et la méfiance. Figurezvous, Messieurs , quel doit être l'état de gens qui , pendant six grands mois , ont été pillés, volés, égorgés ; de gens qui , pendant six grands mois , ont souffert tous les genres de persécution , et auxquels on vient dire aujourd'hui que sans doute ils ont rêvé toutes ces choses ; que l'ordre établi n'a pas été troublé un moment.

Tout-à-l'heure encore , il était dans mon projet de donner à la chambre le moins de détails possibles sur ce qui s'est passé dans le département du Gard en 1815. Mais je viens de lire dans une feuille qui s'imprime comme les autres sous la censure du gouvernement , ce qui semble lui donner plus de crédit , que l'on devait considérer les crimes commis à Nîmes après la seconde restauration , comme une sorte de représailles , suite nécessaire de ce qui s'était passé antérieurement. Il m'est impossible de laisser l'opinion de la chambre et celle du public s'égarer sur ce point ; je dirai, puisqu'on persiste dans d'injustes récriminations , que non-seulement les crimes commis après la seconde restauration ont été atroces , mais encore qu'ils ont été gratuits. J'en appelle à mes collègues de députation ; à tous ceux qui connaissent le département du Gard ; je déclare en leur nom comme au mien, que pas une goutte de sang n'a coulé à Nîmes pendant les cent jours. A Arpaillargues , trois volontaires royaux ont été frappés les armes à la main ; mais c'était un combat contre d'autres hommes armés.

Je ne prétends pas dire que pendant les cent jours, les bons royalistes n'aient pas eu cruellement à souffrir ; ils

ont eu la douleur, comme toute la France, de voir renverser le gouvernement légitime. Mais les recherches les
plus exactes ne m'ont appris aucune persécution dont ils
aient été l'objet.

Ce système de dénégation ou de récriminations injustes
est une des causes qui ont entretenu l'irritation des esprits
dans le département du Gard; mais cette cause n'a pas été
la seule.

Lorsque le roi m'a envoyé en 1818 présider le collége
électoral de ce département, je rendrai ce témoignage à
des hommes dont les principes politiques ont été calom-
niés; je dirai que les protestans m'ont paru pleins d'amour
pour l'autorité légitime; leur vœu était de s'endormir
sous l'égide de la protection royale; ils sentaient tous la
nécessité de faire au pouvoir de grandes concessions, pour
le mettre à même de remplir sa noble mission sur la terre,
celle de se porter médiateur entre tous les intérêts, pro-
tecteur entre toutes les passions.

Je n'ai pas remarqué chez eux l'amour d'une liberté dé-
sordonnée, je ne les ai pas vus préoccupés de cette idée
fausse et fatale, qui préoccupe beaucoup de bons esprits,
qui entraîne, je le crains, la société dans une fausse route,
savoir que la défiance constante du pouvoir est une condition nécessaire de la liberté; que toutes les conquêtes
faites sur l'autorité royale sont des conquêtes faites pour
la liberté. Les protestans étaient modestes dans leurs demandes, ils ne voulaient que sûreté pour aujourd'hui et
sécurité pour demain; eh bien ! Messieurs, ils n'ont jamais
obtenu que la moitié de ce qu'ils demandaient.

Je ne prétends pas en faire un reproche au gouvernement
du roi; il a fait ce qu'il devait faire. J'ai reconnu en 1818,
que tous les ministres du roi s'occupaient du département
du Gard, avec une sollicitude toute paternelle. Ainsi, le
licenciement de la garde nationale a été un bienfait dû à la
prévoyance et à la fermeté de M. Lainé. Ainsi, la réorganisation de la cour royale de Nîmes a été faite par M. Pas-
quier, alors garde-des-sceaux, avec une impartialité qui
assurait une égale répartition de la justice; ces mesures,
une surveillance continuelle de l'administration ont empêché que l'ordre public ne fût troublé; mais jamais la
sécurité pour l'avenir n'a pu s'établir; et comment la sécurité pour l'avenir pourrait-elle naître, dans un pays où
une partie de la société, celle qui se rapproche le plus du
trône, calomniant sans doute cet avenir, se montre sans
cesse comme devant satisfaire d'odieuses espérances ;

lorsqu'elle semble reconnaître une autre loi que la loi , un autre gouvernement que le gouvernement ; je dirai plus , un autre roi que le roi lui-même. (*A droite.* Quelle est cette partie de la société, il faut la nommer.....)

Messieurs, c'est dans l'intérêt du roi que je parle, mais c'est aussi dans l'intérêt du prince auguste son successeur légitime, de ce prince que j'entoure de tous mes respects , et auquel je devrai toute mon obéissance le jour où le cours naturel et constitutionnel des choses m'aura fait son sujet. Or , c'est encore dans l'intérêt de la société toute entière que je signale l'ordre de choses le plus alarmant pour la stabilité du trône , comme pour la durée de nos institutions. Il n'est que trop vrai qu'à Nîmes, les influences légales et protectrices du gouvernement ont eu sans cesse à lutter contre les influences secrètes et provoquantes d'un parti. M. Madier de Montjau vous annonce que ce parti obéit à des directions étrangères à ce département.

Je ne me charge pas d'apporter la preuve légale de ces allégations ; je déclare sur mon honneur que je n'ai eu aucune connaissance de la pétition avant l'époque à laquelle elle vous est parvenue ; mais je dois à la justice de déclarer que le pétitionnaire est un homme de sens, d'honneur et de courage, il possède dans un degré éminent toutes les qualités qui font l'honnête homme et le bon citoyen. On doit donc ajouter une grande confiance aux faits qu'il affirme ; et quant à moi, je les crois. J'ose penser que plus on aura examiné ce qui se passe dans le département du Gard , plus on sera disposé à l'expliquer par quelque cause analogue à celle qu'annonce M. Madier de Montjau.

Messieurs , je le répète , il y a ici un grand , un imminent danger. Songez y bien , il faut que l'autorité royale existe pour tout le monde ou bientôt elle n'existerait pour personne.

Dans le département du Gard , les protestans ont beaucoup souffert en 1815, ils ont souffert avec résignation. Lorsque l'ordonnance du 5 septembre est venue leur annoncer la fin des mauvais jours, ils l'ont saluée avec enthousiasme. Je ne doute pas qu'alors ils n'eussent renoncé à toute vengeance , et signé de bonne foi une réconciliation sincère sous les auspices de l'autorité royale; mais pour que telle réunion pût s'opérer, il fallait que l'autorité royale fût acceptée par tous comme une garantie unique et suffisante; il fallait que le parti de 1815 consentît à détruire son organisation , et cependant tous les jours des symptômes venaient confirmer l'existence de cette organisation.

Tous les jours des symptômes avertissaient les protestans qu'ils jouissaient, non d'une paix durable, mais d'une trève, la prudence conseille de préparer ses forces.

Je ne prétends pas dire qu'il y ait eu une conspiration dans le département du Gard , j'appellerais peut-être du nom de ligue l'espèce de coalition que j'y ai remarquée ; mais sans examiner si les moyens qui ont pu être employés pour former et maintenir cette ligue , sont plus ou moins criminels , je dirai seulement : un tel ordre de choses est nécessairement destructif et de la tranquillité publique et de l'autorité royale.

En effet , messieurs, lorsque des hommes qui se présentaient comme les gardiens les plus fidèles des principes monarchiques , donnaient eux-mêmes l'exemple de chercher à organiser une influence autre que celle de l'autorité royale , ne devait-on pas s'attendre que leurs adversaires chercheraient aussi un autre point d'appui , et que l'autorité royale ne paraîtrait plus à personne une garantie suffisante lorsqu'elle n'était plus comptée par ceux même qui devaient en être les premiers défenseurs ?

Et que dirait-on aux protestans , s'il arrivait qu'ils formassent une association, qui , sans doute , serait bien plus redoutable, parce qu'elle se rattacherait à des intérêts plus nombreux ? qui aurait le droit de s'en plaindre ? Ce ne seraient pas , sans doute ceux qui auraient donné le premier exemple. Serait-ce le gouvernement ? On lui répondrait : voyez ce qui se passe sous vos yeux ; pouvez-vous exiger que nous nous reposions sur vous du soin de nous défendre, lorsque nous ne sommes pas assurés que vous serez assez forts pour vous défendre vous-même. Ainsi l'on arriverait à cet état, le plus déplorable de tous, où chacun ne compte plus pour sa sûreté que sur ses forces personnelles , et le secours de ses amis.

Telle est peut-être, messieurs, l'état d'une grande partie de la France; tel est l'état du département du Gard; les remèdes ne peuvent se trouver que dans la sagesse du roi, dans la fermeté de ses ministres; j'invoque cette sagesse, j'espère la fermeté des ministres, et je répète qu'ils n'obtiendront de la force pour le gouvernement , que lorsqu'ils auront détruit et l'organisation et la force du parti de 1815.

Avant de quitter cette tribune , je ne puis me dispenser de m'expliquer sur un point très-essentiel de la pétition.

J'ai donné une grande confiance à M. de Madier de Mont-jau : je suis convaincu qu'il ne peut pas se tromper volontairement, mais je ne partage son opinion, ni sur la part qu'il attribue à un ancien ministre d'état, à la correspondance qu'il dévoile, ni sur le jugement qu'il paraît porter du caractère de cet ancien ministre d'état.

Discours de M. Devaux.

Est-il vrai qu'il existe en France une contrée où les lois ont perdu leur empire, où des assassins insultent à la justice par leur audacieuse impunité, s'apprêtent à de nouveaux crimes et désignent de l'œil de nouvelles victimes ?

Ainsi, pendant que la vigilance du magistrat recherche ici l'esprit de sédition jusque dans des souscriptions de bienfaisance ; ailleurs le ministère public ne trouve rien à approfondir dans une souscription en faveur d'un Truphémy, dont l'orgueilleuse atrocité se vantait publiquement de onze assassinats !

Naguère, messieurs, on vous dénonçait à cette tribune un comité directeur des élections, dont tout le secret pourtant semblait être de publier les noms de ceux que l'opinion élevait à la candidature.

On ne vous parlait pas de ces bulletins d'élections écrits, en 1815, à la pointe d'un poignard trempé dans le sang de seize victimes égorgées à l'ouverture du collége électoral du Gard.

On se taisait sur ce comité directeur qui, le 20 février 1820, en était à sa 35e circulaire, pour apprendre à ses affiliés quelles espérances faisait concevoir le nouveau ministère, et comment le calme était nécessaire à ceux qui se proposaient la veille de répandre encore du sang humain, *en sabrant des misérables* échappés aux massacres de 1815.

Pendant qu'on vous demandait l'arbitraire contre les doctrines politiques des journaux, la doctrine du meurtre, du pillage et de l'incendie, reprenait ailleurs une nouvelle énergie, et ses partisans exhortés *à s'organiser*, avec promesses *que les avis, les ordres et l'argent ne leur manqueraient pas*, revêtaient leur sanglant uniforme de 1815, et s'excitaient, par une sacrilége profanation du nom du Roi, à commettre de nouveaux forfaits.

Lorsqu'en 1816 la voix solitaire mais courageuse de notre honorable collègue, M. d'Argenson, du haut de cette tribune où l'on ne prononce jamais en vain les noms de la justice et de la liberté, dénonçait à la France les crimes du midi, une immense majorité s'indignait de ces révélations prématurées ; tel est l'esprit de parti, qu'il craint de s'affaiblir en cessant de protéger, au moins par le mystère et le silence, des coupables qui lui paraissent dignes de grâce par leur dévoûment sanguinaire à ses principes politiques.

Le chef de la justice offrit, il y a peu de temps, un spectacle digne de la méditation des hommes d'état, et propre à jeter l'effroi dans l'ame des gens de bien, lorsqu'il vint avouer à cette tribune son désespoir d'atteindre, avec la puissance des lois, des hommes qui ont su faire du crime une puissance qui leur garantit l'impunité.

Aussi, lorsque le ministère sollicita de votre confiance la création inconstitutionnelle d'une dictature sur la pensée et sur la liberté de l'homme, il n'osa pas vous dire que ce pouvoir extraordinaire était destiné à faire ses preuves d'énergie et d'efficacité contre les assassins du midi. Le ministère sentait-il donc que si ses vertus personnelles répugnent à l'impunité de tant de forfaits, une puissance plus forte que la sienne en protégeait les auteurs ?

Il faut qu'un magistrat d'une cour souveraine, effrayé de leur audace nouvelle, ait le courage de vous révéler leurs espérances et leurs machinations, de vous dépeindre leur attitude hostile et de vous supplier de provoquer leur répression.

Je sais bien, messieurs, que pour certains esprits, c'est dans les rangs de 80,000 pétitionnaires pour le maintien de la charte et de la loi des élections qu'il convient de chercher des conspirateurs et des ennemis du trône :

Les conspirateurs et les ennemis du trône ne sont pas non plus aux yeux d'une faction bien signalée par le pétitionnaire ceux qui promenaient tranquillement, en plein jour, dans les rues de Nîmes le fatal tombereau destiné à recevoir et à porter à la voirie les cadavres de ceux que les assassins allaient froidement et paisiblement égorger dans leurs maisons.

Les conspirateurs et les ennemis du trône ne peuvent être parmi les membres de cette commission extraordinaire qui, le 20 juillet 1815, ordonnait aux proscrits, sous peine de séquestre de leurs biens, de revenir se placer sous la main de leurs bourreaux.

3.

Les conspirateurs et les ennemis du trône ne sont pas à rechercher parmi ces agens du pouvoir qui permettaient de fusiller, sans jugement, six prisonniers français, sous les fenêtres du sous-préfet d'Uzès.

Les conspirateurs et les ennemis du trône n'ont rien de commun avec ces autorités qui toléraient le supplice de ces femmes fouettées publiquement, avec des battoirs armés de pointes aiguës, et qui, dans leur ironique et cruelle indifférence, disaient que les magistrats de Paris ne se mêlaient point des querelles de la place Maubert.

Le château de Vacquairolles n'a point été pillé et incendié par des conspirateurs et des ennemis du trône;

Ce ne sont pas eux non plus qui ont exhumé le corps d'une jeune fille de quinze ans, pour le livrer aux plus infâmes profanations;

Les conspirateurs et les ennemis du trône ne sont pas ceux qui jetèrent tout vivant dans les flammes d'un bûcher le malheureux Ladet;

Qui dansèrent, comme des cannibales, aux cris déchirans de leur victime, et qui, nouveaux ammonites, faisaient de la royauté un nouveau dieu Moloch auquel ils sacrifiaient des hommes, en chantant *vive le Roi!*

Les conspirateurs et les ennemis du trône ne peuvent être, parmi les auteurs et instigateurs du massacre du 13e régiment.

Ramel, et le général Lagarde envoyés par le Roi, n'ont pas péri sans doute de la main des conspirateurs et des ennemis du trône.

Non, messieurs, non; tous ces gens-là sont faciles à justifier aux yeux d'une faction; en commettant tous ces crimes, ils criaient *vive le Roi!*

La pureté de leurs intentions actuelles est encore parfaitement démontrée par cette courte exhortation de leurs chefs, en février dernier : *Sabrons ces misérables, leur sang produira des royalistes.*

Leur repentir se manifeste également par ce discours.

Pourquoi n'avons-nous pas, en 1815, fait une fin de cette race!

Et comme tous les pouvoirs se taisent devant eux, la censure, loin de favoriser par la publicité la compression de ce nouvel élan du crime, ne permet pas aux journaux d'en révéler les nouveaux projets.

C'est dans des écrits isolés que la plainte courageuse d'un magistrat se réfugie, pour appeler à son secours la puissance de l'opinion, en attendant que la forme lente de vos rapports lui donne un interprète à cette tribune.

Il serait bien malheureux, bien indigne de la majesté du gouvernement royal, que d'aussi grands criminels demeurassent impunis ; mais s'ils sont parvenus à se rendre redoutables au point de commander aux lois de se taire sur le passé, s'ils ne nous inspiraient plus d'appréhension pour l'avenir, j'aimerais mieux oublier la distinction de Montesquieu entre la clémence qui honore, et l'impuissance de punir qui avilit l'autorité ; et que le Gouvernement avouant sa faiblesse et les dangers de ses recherches, vînt nous proposer une amnistie. Car l'amnistie *marque au moins le crime en l'effaçant*, tandis qu'une audacieuse impunité n'est qu'une révolte vivante contre la justice.

Mais, messieurs, le passé ne fait-il pas trembler pour l'avenir ?

Quelle est donc cette puissance invisible qui, se plaçant en quelque sorte au-dessus du trône, se flatte de faire servir le nouveau ministère à ses desseins ?

A l'aide de ce qui nous est révélé, tâchons de mettre en évidence ce pouvoir mystérieux, et de prévoir ce qu'il médite.

Le pétitionnaire signale et transcrit littéralement deux circulaires, n°s 34 et 35, envoyées dans tous les départemens, après l'attentat du 13 février.

Ces circulaires supposent nécessairement deux choses.

1° Des instructions transmises par un pouvoir reconnu ;

2° Des correspondans nombreux et subordonnés pour les recevoir et s'y conformer.

J'en conclus l'existence d'un pouvoir organisé, correspondant avec des agens établis pour coopérer à l'exécution d'un plan commun sous la direction des chefs.

Voulez-vous savoir si cette puissance est soumise à l'autorité royale ? Ecoutez-la parler dans la première circulaire, n° 34 :

« Ne soyez ni surpris, ni effrayés ; quoique l'attentat
« du 13 n'ait pas amené sur-le-champ la chute du favori,
« agissez comme s'il était déjà renversé ; *nous l'arra-*
« *cherons de ce poste*, si l'on ne consent pas à l'en
« bannir. »

Vous l'entendez, messieurs, vainement la confiance du monarque maintient un ministre en fonctions, il existe un pouvoir supérieur à celui du prince, qui a la certitude *d'arracher le ministre de son poste, si l'on ne consent pas à l'en bannir.* Ce n'est pas par des supplications au prince, ce n'est pas en l'éclairant sur les fautes de son ministre favori, ce n'est pas en un mot par le prince qu'on exclura le ministre, c'est dans le cas où l'autorité royale ne consentirait pas à bannir le ministre de son poste, qu'on saura bien l'en arracher ; et le mépris pour les pouvoirs délégués par le prince à son ministre, le dédain pour le monarque lui-même sont tels que l'auteur de la circulaire prescrit à ses affiliés *d'agir comme si le ministre était renversé*, c'est-à-dire, de méconnaître l'autorité du ministre qui parle encore au nom du roi.

Ce pouvoir invisible n'hésite pas à promettre des ordres et *de l'argent ; l'argent ne vous manquera pas*, dit-il, dans sa circulaire nº 34. Où le prend-il ? quels trésors sont inépuisables pour lui ? Je l'ignore ; on peut le deviner peut-être, mais arrêtons-nous au fait. Voilà un pouvoir qui dirige des agens, qui promet des ordres, qui dispose d'argent sans crainte de s'épuiser, et ce pouvoir n'émane pas de l'autorité royale, il la menace au contraire de lui arracher ses ministres, il exhorte ses agens à méconnaître celui qui parle au nom du roi. Pour avoir une idée de l'activité de cette correspondance sur tous les points de la France, il suffit de remarquer qu'en moins de trois jours, les deux circulaires 34 et 35, datées de Paris, furent reçues à Nîmes, de sorte que la dernière parcourut 175 lieues en moins de 48 heures, célérité supérieure à celle des malles de la poste, et qui révèle un service effectif de courriers extraordinaires plus sûrs d'ailleurs que la poste pour une telle correspondance.

Avant l'attentat du 13 février, ce pouvoir invisible avait manifesté son existence par 33 circulaires, car la 34ᵉ se réfère à ce déplorable événement qui, par conséquent, n'a pas fait naître les projets dont cette correspondance est l'objet, mais qui paraît avoir donné une nouvelle vigueur à cette faction ; car en vérité je ne puis continuer à lui donner un autre nom sans imiter la tranquille impassibilité de Suétone, et je n'en ai pas la force.

Aussi, l'assassinat de notre infortuné prince n'est-il plus aux yeux de cette faction qu'un moyen, une circonstance, heureuse même, pour reprendre avec plus d'énergie, le cours de ces projets, également destructeurs de la royauté et de la liberté.

M. le ministre de l'intérieur, en parlant pour la suspension de la liberté individuelle, nous dit que l'on avait aperçu *des joies atroces*. Le pétitionnaire nous apprend dans les mêmes termes, qu'à Nîmes, *des joies atroces furent aperçues*, mais *parmi ceux qui déjà calculaient ce qu'un parricide exécrable devait produire à leur égoïsme et à leur lâche ambition*. Voilà qui est plus clair que le discours du ministre ; cela ne laisse au moins aucun doute sur les couleurs du parti qui fondait à Nîmes ses spéculations politiques, sur l'une des plus grandes calamités que la France ait jamais éprouvée.

La circulaire, nᵒ 35, nous révèle l'accord parfait *de ces joies atroces*, que la faction ne pouvait dissimuler à Nîmes, avec cette habileté tant recommandée par le comité directeur de Paris, de placer dans d'hypocrites adresses, à côté des *sentimens de douleurs, la nécessité d'anéantir les doctrines libérales*.

Les douleurs sincères ne connaissent pas l'art de combiner des expressions ; la véritable affliction du cœur ne pense pas subitement à profiter du malheur qui l'a fait naître. Ceux qui subissent l'influence de ces circulaires, et qui nous prouvent ainsi qu'elles étaient parvenues à leur adresse, se dénoncent eux-mêmes par la menace qui est dans *leur* bouche ;

Par l'indice de nouvelles proscriptions qui est dans leurs gestes ;

Par des signes de ralliement qui sont dans leur uniforme, le même que celui de 1815, *les pantalons à bandelettes* ;

Par leurs joies atroces ;

Par leurs exclamations : *sabrons ces misérables, leur sang produira des royalistes* ;

Par leur regret de *n'avoir pas fait une fin de cette race en 1815*.

Quand je lis dans la circulaire, nᵒ 35 : « De grands services peuvent nous être rendus par le nouveau ministère ; il faut bien se garder de lui montrer des sentimens hostiles », je crois tenir tous les secrets de la faction sur le cours actuel des choses.

Qui parle ainsi, *nous* ? Ce n'est pas le gouvernement extérieur et ostensible : celui-là n'agit que par le ministère évident. N'est-ce pas plutôt ce pouvoir invisible qui expédie des courriers, qui a des trésors à sa disposition, qui se sent assez fort *pour arracher le ministre favori de son poste si la volonté du roi ne l'en bannissait pas* ?

Tout nous ramène donc sans cesse à cette idée d'un gouvernement secret, qui s'intitule collectivement : NOUS ; qui, tout en espérant *de grands services du nouveau ministère,* se montre supérieur à son influence et indépendant de son action. C'est lui qui commande à ses passions si menaçantes, si avides de répandre du sang, de se taire momentanément ; *du calme, le plus grand calme* : tel est le mot d'ordre pour l'instant : *gardez-vous bien de montrer au nouveau ministère des sentimens hostiles* : voilà ce qu'il recommande ; et l'on sent combien il avait raison , quand on réfléchit combien était prudent ce général qui défendait à ses troupes de faire feu avant l'ordre , puisqu'il préparait une alliance qui ne s'est jamais consommée sans que les libertés publiques ne lui aient été sacrifiées, comme nous venons de le voir.

Un ministre nous entretenait , le 23 mars dernier , de je ne sais quel *manichéisme* politique (1) qu'il attribuait spécialement aux défenseurs de l'inviolabilité de la charte. Le véritable manichéisme n'est-il pas plutôt dans ce double gouvernement ? N'est-ce pas là sans doute aussi la véritable conspiration que devinait la sagacité d'un procureur général qui nous disait ingénieusement, il y a très-peu de temps , *qu'elle était partout et ne se voyait nulle part.* On la voit bien maintenant , M. le conseiller de Nîmes l'a mise à découvert.

Il offre encore de tout dire , jusqu'au nom du premier ministre de ce gouvernement secret ; car le pétitionnaire ne recule pas devant la nécessité des éclaircissemens. Il désigne déjà suffisamment l'auteur des circonstances par le discours qu'il tint en 1815. C'est celui qui , mécontent de la timide arrestation du maréchal Soult , disait à M. D. , par forme de reproche : *On n'arrête point un maréchal de France , on le tue.*

Le maréchal Brune était destiné à subir l'affreuse vérité de cette maxime assurément bien anti-royaliste.

M. de Montjau fait plus encore : il offre de nommer devant les tribunaux le factieux auteur de ces circulaires. Mais personne du gouvernement ostensible ne paraît avoir accepté cette offre.

Remarquez, je vous prie, messieurs, pour quelles doctrines cet apôtre du meurtre réserve son animadversion. *Ce sont les doctrines libérales qu'il faut anéantir.* Tel est l'ordre donné dans la circulaire n° 35. Tel est l'avis qu'ont reçu les sicaires , *les verdets, les pantalons à bande lette ;* cette haine vigoureuse dans ces gens-là pour les doctrines

---

(1) Discours de M. le ministre des affaires étrangères.

libérales ne me déplaît pas. J'aime à voir cet hommage
rendu par le crime aux principes de toutes les vertus ci-
viques. La liberté, c'est l'ordre ; la liberté, c'est le règne
des lois ; la liberté, c'est encore la justice ; la liberté, par
conséquent, doit être détestée par les assassins de Nîmes,
par les factieux de toutes les couleurs et de toutes les
époques.

Voilà pourquoi les instructions d'un chef de la faction
sont de vouer une haine homicide aux amis de la liberté !

Ces quatre-vingt-cinq victimes égorgées à Uzès et à
Nîmes, en plein jour, au milieu d'une nombreuse population frappée de terreur. Cet infortuné Ladet entouré sur
son bûcher d'une danse infernale. Le pétitionnaire a raison
de ne pas dire un mot de leurs opinions politiques. Ces assassins armés pour *anéantir les doctrines libérales*, en disaient
assez lorsqu'insultant à la majesté royale, ils criaient *vive
le roi*, en plongeant le poignard dans le sein de tant de victimes. C'est de cette manière qu'ils entendent procéder à
l'anéantissement des doctrines libérales. Ils sentent bien
qu'il faut autre chose que des sophismes pour faire reculer
la raison humaine qui s'avance à grands pas en Europe vers
l'affranchissement du genre humain, par l'heureuse alliance
du pouvoir et de la liberté.

La faction aspire à isoler le trône pour le dominer ;

A séparer le roi du peuple pour le faire descendre au
rang de prince de l'oligarchie ;

A rompre cette antique et héréditaire alliance du peuple avec son roi, si fortement renoncé par l'immense
popularité d'Henri IV, et qu'une fidèle exécution de la
charte rendrait indissoluble.

C'est pour cela que, dans un projet d'adresse rédigé
par un fonctionnaire très-relevé, la faction voulait sug-
gérer au monarque le plus humain de l'Europe, *d'abjurer la clémence, et de ne régner que par l'épée* ; in-
sensés qui, tout-à-fait ignorans de leur position, ne sentent pas que le règne de l'épée serait aussi mortel pour eux
qu'il est indigne de la douce paternité des Bourbons.

Importunée à Nîmes, théâtre de prédilection de ses
exploits passés et futurs, par la présence d'une garnison
trop fidèle à l'honneur de ses armes, pour ne pas repousser toute proposition de fraterniser avec les meurtriers de
la garnison de 1815, la faction a sollicité et obtenu l'éloignement d'une légion qui glaçait de terreur ses bandes homicides ; c'est peut-être là un de ces services qu'elle atten-
dait du nouveau ministère.

C'est à cette faction qu'appartient cet ami de Trestaillons, condamné pour des cris séditieux, dont il donnait l'exemple provocateur pour avoir prétexte d'immoler de nouvelles victimes.

Ne serait-ce pas aux espérances de cette faction qui, pour triompher un instant, à besoin de la double servitude de l'homme et de la pensée, qu'ont été sacrifiées nos libertés constitutionnelles, et qu'on prépare jusqu'à l'anéantissement du droit de pétition encore trop dangereux, puisqu'il autorise la révélation solennelle de ses sinistres projets ?

Nous sommes évidemment sous l'influence de ce pouvoir invisible qui me semble entraîner le ministère et nous-mêmes vers des abîmes où, selon l'énergique expression de notre honorable collègue M. de Chauvelin, tout peut périr, excepté la nation. Inutilement des voix éloquentes qui s'élevèrent tant de fois en faveur de la royauté, vous parlent aujourd'hui de ses dangers, en la voyant s'isoler de la nation. Tout cède à cette fatalité d'un pouvoir invisible qui ne prend plus même la peine de s'adresser à la raison publique, et marche silencieusement vers son but.

Encore quelques semaines et cette faction dominatrice aura tout préparé pour un triomphe, d'un jour sans doute, mais source féconde de calamités pour la patrie, et d'éternels regrets pour ceux qui, par imprévoyance ou par faiblesse, lui auront servi d'auxiliaires.

C'est en considérant les biens qu'on a perdus par sa faute, qu'on en sent mieux le prix. Voici le compte que nous pourrons rendre à nos commettans.

Vous nous aviez confié le soin de défendre la liberté individuelle, nous avons renoncé pour vous à ce droit naturel et constitutionnel.

Nous étions chargés de conserver la liberté de la presse; nous en avons fait la concession au ministère.

Vous étiez en possession d'un droit de pétition qui souvent consolait au moins les malheureux opprimés, quand des voix généreuses prenaient ici sa défense, qui toujours éclairait le gouvernement sur la conduite de ses agens et quelquefois sur les dangers de sa propre situation. Nous avons réduit ce droit constitutionnel en un vain simulacre.

Cent cinquante députés d'entre nous tenaient l'honneur de leur mission d'un droit électoral dont cependant nous avons cru devoir vous déposséder pour remplacer ici les

députés des grandes majorités par les députés des mino-
rités aristocratiques les plus exiguës.

Les règles à fonder pour établir une bonne comptabilité
nationale, les principes législatifs à émettre pour l'éco-
nomie de la fortune publique, étaient dans le vœu de nos
commettans, nous les avons ajournés à la voix d'un ministère qui a promis de réaliser d'autres espérances.

Le principe de l'inviolabilité de la Charte était encore
en honneur avant l'ouverture de la session, nous l'avons
abandonné pour le principe apparemment plus sûr, plus
national *d'un arbitraire de confiance;* mais les atteintes
que la Charte a reçues sont encore peu de chose en comparaison de cette doctrine du pouvoir parlementaire absolu
érigé par le ministère lui-même en dogme politique. L'instrument propre à démolir l'édifice constitutionnel est maintenant trouvé; le nouveau Code électoral amènera les ou-
vriers destinés à compléter cet *anéantissement des doctrines libérales*, tant recommandé par la circulaire n⁰. 35,
et dont le principe est dans la Charte.

Voilà, messieurs, l'esquisse rapide de nos travaux; si
j'en juge par mes sentimens personnels, nous nous flat-
tions d'obtenir d'autres titres à la reconnaissance publique.
Mais la pétition de M. de Montjau donne le secret de cette
grande déviation de la ligne constitutionnelle. Le gouvernement invisible dont elle atteste l'existence est la clef qui
nous introduit dans le dédale d'erreurs politiques.

De contradictions personnelles;

D'atteintes à nos libertés;

De violation de la Charte;

De rejet de toute idée d'améliorer nos institutions et
d'en fonder de nouvelles;

De projets destructeurs des deux lois les plus fortes du
régime constitutionnel, parce qu'elles étaient les plus conformes aux mœurs et à l'esprit de la nation, celles sur le
recrutement et les élections;

De cette guerre déclarée aux doctrines libérales ou
constitutionnelles (c'est la même chose) dans des adresses
où l'on trouve l'esprit artificieux de la circulaire n° 35.

Lorsque le ministère brise cette honorable et libre majorité qui le soutenait en 1819 dans les voies constitutionnelles, et qu'il repousse les nouveaux alliés que la modération du caractère appelait à grossir cette majorité qui
pouvait conquérir toute l'opposition actuelle, l'on sent
bien par quelle fatalité sont dirigés ses efforts pour consti-
tuer péniblement une nouvelle majorité purement numé-

rique, composée d'élémens auparavant opposés, et qui seront toujours dissemblables, en attendant qu'après la victoire ils deviennent ennemis.

Lorsque, dans une assemblée essentiellement délibérante, on arrive à ce point de faire voter une majorité silencieuse sur les plus grands intérêts de la patrie, l'on reconnaît encore la présence d'un pouvoir invincible, ennemi des discussions où la pensée peut être trahie par la parole.

Telles sont, messieurs, les idées que m'a fait naître la pétition de M. de Montjau ; son rang dans la magistrature, son caractère personnel que l'on dit être fortement prononcé pour la dynastie de nos rois, la fermeté de son récit, le calme de ses expressions, la conviction dont il paraît pénétré, l'offre de prouver légalement toutes ses assertions, la nature des faits qu'il avance, l'énormité des crimes qu'il dénonce, le danger des projets qu'il révèle, l'appel qu'il fait à la notoriété publique comme garantie de sa véracité, la concordance de ce qu'il dit avec ce que nous voyons, tout cela doit faire une profonde impression sur les esprits.

Vous ne pouvez, messieurs, rester spectateurs indifférens d'une impunité scandaleuse de tant de crimes dénoncés.

Vous ne pouvez être témoins impassibles des progrès d'une faction aussi ennemie de la royauté constitutionnelle que des libertés publiques.

L'existence seule de ce pouvoir secret, qui agit par des circulaires et des courriers extraordinaires, qui se sent assez fort pour arracher de son poste un ministre du roi, si S. M. ne veut pas l'en bannir, qui se déclare assez riche pour que l'argent ne manque jamais à ses projets, qui se vante de faire servir le ministère d'instrument à ses desseins ; l'existence d'un tel pouvoir annonce que nous ne vivons plus sous un gouvernement constitutionnel, mais sous l'influence provisoire d'une conspiration contre l'autorité royale et la constitution.

Cependant, messieurs, la royauté n'a pas encore perdu cette main de justice ; l'un de ses plus nobles insignes, symbole de la puissance qui sait atteindre partout les coupables.

La sagesse du monarque s'offre toujours à nous comme la source des espérances de la nation.

En provoquant pour le passé la punition des attentats de Nîmes et d'Uzès, vous rassurez le présent, vous fortifiez l'avenir.

Vous communiquez au ministère cette force de l'opinion publique dont vous êtes les organes, surtout quand vous parlez pour soutenir la majesté des lois, et dont il paraît éprouver le besoin, pour concevoir même la pensée de livrer à la justice les auteurs de tant de crimes : espérons que les lois seront vengées, et que bientôt l'un de nos ministres heureux imitateur du consul romain, viendra nous dire à cette tribune, que les nouveaux *Catilinas* ont vécu.

Vous appellerez l'attention du gouvernement sur l'existence de cette faction qui tend à le subjuguer lui-même, et sur les dangers auxquels elle expose la monarchie constitutionnelle.

Si le ministère hésitait encore dans sa marche, pour assurer aux lois leur empire et pour comprimer la faction, vous auriez un citoyen de plus dans un recours direct à la sagesse du prince, qui toujours s'est montrée supérieure aux difficultés, dans les grandes crises de la patrie.

Dans ces circonstances, je propose : 1° le dépôt de la pétition au bureau des renseignemens, afin de la faire servir de base à de nouvelles mesures, si celles que vous adopterez pour le moment étaient insuffisantes ;

2° L'envoi de copie de la pétition au président du conseil des ministres, afin qu'il puisse accomplir son devoir, de provoquer la répression des crimes dénoncés, d'approfondir tout ce qu'il y a de réel dans cette conspiration contre la royauté et la liberté ; de rendre compte à S. M. des dangers de notre situation actuelle ;

3° La lecture de la pétition à cette tribune, pour éclairer l'opinion publique, et pour que les faits que la pétition révèle ne puissent être dénaturés.

LETTRE DE M. MADIER DE MONTJAU,

A messieurs les rédacteurs de la Renommée.

Pierrelate (Drôme), 14 avril 1820.

Messieurs,

La *Quotidienne*, dans son numéro du 4 avril, en torturant une des phrases de ma pétition à la chambre des députés, en tire bénignement la conséquence que j'accuse les suisses d'assassinats. Voici la phrase d'où elle a tiré cette loyale induction.

« . . . . A cette garnison vont succéder des
« Suisses. Je ne suis pas encore assez *bon français*, je
« l'avoue, pour ne point m'attrister de voir ces étrangers
« remplacer nos légions ; mais il me suffit de la joie immo-
« dérée qu'en témoignent les hommes de la désastreuse
« année, pour être averti que cet événement est affli-
« geant. »

Il faut avoir la bonne foi de la *Quotidienne*, pour voir dans ces paroles, une accusation directe ou indirecte d'assassinat. Un fait incontestable, c'est que les ultrà se sont extrêmement réjouis de l'arrivée des Suisses. Un fait non moins incontestable, c'est que les Suisses sont *étrangers*, et qu'il est permis à tout Français, digne de ce nom, de manifester hautement une préférence pour les troupes nationales.

Mais, dira-t-on, vous ne pouvez ignorer, que pendant un séjour assez long à Nîmes, les Suisses n'y ont commis ni secondé aucun désordre. Loin de nier cette vérité, je suis bien aise qu'on la publie. J'adopte avec joie la pensée qu'en aucune ville ils n'ont mérité l'ombre d'un reproche ; et quel ne serait pas le désespoir des bons citoyens, si à l'humiliation de voir nos cités soumises à la surveillance des cohortes étrangères, il fallait ajouter aussi les excès de l'indiscipline. Oui, sans doute, les Suisses sont disciplinés. Oui, sans doute, ils restent étrangers aux fureurs de la faction implacable qui voudrait en faire des instrumens de vengeance. Si un seul jour les Suisses s'étaient écartés de ces règles de conduite, l'opinion nationale déjà si prononcée contre leur séjour en France, se serait soulevée avec une si grande énergie, que le gouvernement aurait été obligé de les faire rentrer dans leur pays.

J'estime la nation Allemande, la nation Espagnole ; la nation Russe, et néanmoins la présence de leurs soldats dans nos villes, me pénétrerait de cette douleur profonde, que causait à l'honorable général Foy, la vue de l'anglais Wellington.

Qu'on vante la nation suisse, je suis prêt à souscrire à cet éloge, pourvu que ses soldats laissent nos foyers libres et retournent dans les leurs.

Convaincu que rien n'est à la fois plus déraisonnable et plus funeste que les haines nationales, je consens à ne pas examiner jusqu'à quel point les Suisses ont contribué à nos dernières infortunes ; je verrais même avec joie une amitié intime s'établir entre les deux peuples, pourvu qu'on cessât de donner pour base à cette alliance, les privilèges également ruineux et humilians que la France accorde en ce moment.

Comme magistrat, j'ai, dans une occasion toute récente, remarqué avec un étonnement et un chagrin profond, que par une dérogation exorbitante au droit des gens, jamais les Suisses ne peuvent devenir justiciables des tribunaux français, même pour crimes commis en France ; mais lors même que les Suisses ne seraient pas placés par leurs capitulations au-dessus de nos lois ; lors même que je n'aurais à regretter l'éloignement d'aucun ami intime parmi les colonels de notre ancienne garnison française de Nîmes ; lors même enfin qu'aucun de nos braves ne gémirait dans l'indigence et dans l'oubli, il suffit que les Suisses soient étrangers, pour que je les voye avec affliction remplacer une garnison française.

Si les Suisses sont toujours dignes de la liberté que leurs ancêtres conquirent par de si généreux efforts, ils ne seront pas étonnés que leur présence soit un sujet permanent d'ombrage pour un peuple jaloux de ses droits ; ils seront les premiers à sentir que des traités compatibles avec l'existence d'un gouvernement absolu, ont cessé d'être exécutables en France, du jour où elle est devenue libre par la Charte.

Voilà, messieurs, ce que la *Quotidienne* sait très-bien, et elle n'ignore pas non plus, qu'on peut désirer aussi ardemment que je le fais, l'éloignement des Suisses, sans pour cela les accuser d'assassinat. J'ai cru devoir opposer ces réflexions à ses insinuations calomnieuses, non pas dans l'espoir d'être une seconde fois honoré de ses insultes ; mais pour répéter des vérités utiles et pour prouver que le sentiment de la dignité nationale peut et doit s'allier à la modération.

Recevez, messieurs, l'assurance de la considération distinguée de votre obéissant serviteur,

Signé, MADIER DE MONTJAU.

P. S. J'ai l'honneur de vous recommander instamment de n'insérer ma lettre qu'en entier, et non par fragmens ; si la censure s'y oppose, j'aime mieux chercher une autre voie pour la rendre publique.

Signé, MADIER DE MONTJAU.

LETTRE

*De M. Barbaroux, avocat à Nîmes, sur la pétition de
M. Madier de Montjau.*

Nîmes, le 12 mai 1820.

C'est le 27 avril que la pétition de M. Madier de Montjau est parvenue à Nîmes, où elle n'était connue que par les
fragmens qu'en ont donnés le *Censeur* et la *Renommée.*
Depuis ce moment, amis ou ennemis, tous veulent la lire.
L'un ouvre avec inquiétude la brochure qui contient tant
de désignations, tremblant d'y voir sa conduite rappelée ;
l'autre la colporte en tous lieux et dit : « C'est moi qu'il a
voulu indiquer dans ce passage » ; faisant ainsi jactance d'a-
voir été désigné au mépris public. Celui-ci s'écrie : « Il nous
compromet » ; et il n'espère se sauver que par l'obscurité.
Celui-là dit : « Il a menti ! la personne dont le cadavre
fut exhumé en tel lieu, n'avait pas quinze ans, elle n'en
avait que douze ». Beaucoup applaudissent cependant au
courage de l'auteur, et sont satisfaits des révélations faites
par une telle plume.

Au milieu de ce mouvement des esprits, les propos deviennent plus libres, les contraintes que la prudence imposait au langage des passions sont oubliées ; c'est le véritable
moment de juger les hommes qu'a défendus M. Madier,
aussi bien que ceux qu'il a accusés. Tout voile tombe ; que
leurs traits soient hideux ou respectables, on peut les re-
tracer avec une égale facilité, avec une fidélité inaccou-
tumée.

Mais la censure permettra-t-elle qu'un pareil tableau
soit rendu public ? Est-elle amie de la vérité ? On pourra
le juger par l'accueil qu'elle fera à cette lettre. Je la signe

4

pour la garantie de la censure. Dès aujourd'hui, j'en assume sur moi toute la responsabilité.

Cette responsabilité à Paris, dans toute la France, n'est justiciable que des tribunaux : à Nîmes elle est justiciable de tous, parce qu'une opinion entière y est encore *hors la loi*, malgré les généreux efforts de quelques magistrats. M. Madier de Montjau l'a dit, et vous pouvez en croire ce grand courage : « Ecrire la vérité sur notre département, dans ce département, c'est se mettre en présence de la mort ». Mais lorsque la force de rendre hommage à la vérité méconnue peut exposer à des périls, trop heureux qui se sent capable de les braver. Le noble exemple que nous a donné M. Madier ne sera point perdu. Non, M. Madier ne sera pas seul à soutenir une aussi belle cause. Je me dois de parler à mon tour, parce que j'ai à dire des choses plus utiles peut-être que celles qu'il a publiées.

Je conviens avec lui que son tableau des manœuvres des hommes monarchiques, est d'une effrayante vérité ; mais j'ose n'être point de son avis, lorsqu'il désespère du salut des opprimés.

Il a peint les agresseurs, les *implacables* de notre département dans leurs préparatifs homicides, et déplore le sort de leurs victimes, dont il s'est fait le défenseur. Je veux à mon tour appeler les regards de ces victimes sur elles-mêmes, et leur faire voir, qu'après tant de traverses, elles n'ont plus à redouter une nouvelle persécution ; que les temps sont changés ; que tous les efforts de la conspiration qui leur est dénoncée échoueront devant sa propre lâcheté et l'union de ceux qu'elle veut déchirer ; car le crime fléchit lorsqu'il sait qu'on veut lui résister.

Il est vrai que les implacables (cette dénomination est peut-être la plus juste qui leur ait été attribuée) excellent dans l'art d'empêcher le peuple qu'ils soulevèrent en 1815, de faire passer ses travaux modestes avant les haines religieuses, auxquelles ils ont donné les couleurs politiques ; qu'afin de soutenir le zèle des prolétaires, sur le courage, sur le sang desquels ils spéculent et basent l'espoir du triomphe, leur comité directeur prodigue les promesses, comme l'a prouvé cette fameuse circulaire no. 34, où il est dit : « *Organisez-vous. Les avis, les ordres et l'argent ne vous manqueront pas* ».

Toutes les espérances sont flattées. Chaque ambitieux est déjà placé ; chaque misérable est déjà payé de ses services ; chaque débiteur est déjà certain de l'acquittement de sa

dette : on lui fournit des cartouches. Des noms augustes
sont compromis dans ce honteux trafic. Si la moindre hési-
tation se manifeste chez quelques hommes qui aiment sin-
cèrement le Roi , pour les rassurer le Roi lui-même est ca-
lomnié dans ses intentions.

Je conviens que ces manœuvres sont faites pour répandre une vive inquiétude parmi ceux qu'elles menacent.
La présence d'une garnison qui n'est pas française ne
rassure point ; parce qu'on pense qu'au jour du dénoue-
ment les implacables peuvent faire croire que le gouvernement est pour eux , et que l'on sait que des Français seuls
peuvent refuser d'obéir en pareil cas. Ce n'est point blâmer des alliés qu'on estime que de leur préférer des nationaux.

D'un autre côté, et c'est ici que j'appelle plus particu-
lièrement l'attention de mes concitoyens, les implacables
usent d'un subterfuge qui réussit presque toujours. Ils
vantent leur courage , exagèrent leurs forces , la quantité
d'armes qu'ils ont dérobées au désarmement, ou qu'ils se
sont procurées depuis ; et comme l'on croit à ces choses ,
que les actions de 1815 sont en rapport avec les jactances
en 1820, la terreur gagne les plus timides, et beaucoup
s'étonnent de ces préparatifs, que le gouvernement semble
malheureusement favoriser en s'obstinant à ne s'y point
opposer , quoiqu'il en soit instruit depuis long-temps.

A cela se joignent la présence à Nîmes, et la sorte de faveur dont jouissent des hommes d'une horrible célébrité
depuis 1815. La police générale n'a pas même éloigné de
Nîmes Trestaillons, qui y vit en simple cultivateur. Truphemy , jusqu'au jour où il fut arrêté pour un nouveau
crime, n'avait cessé d'insulter de timides citoyens dans des
lieux publics. Plusieurs assassins reconnus sont dans le même
cas ; et je m'étonne que par égard pour la morale publique et dans l'intention de prévenir quelque vengeance
spontanément excitée par leur présence continue, on ne
les invite point à choisir un autre lieu d'habitation. Je
m'étonne plus encore de ce que notre vertueux procureur du Roi a pu craindre *d'appurer son effroyable arriéré*. Ne devait-il pas au moins poursuivre un seul de ces
cannibales dans l'intérêt du repos du département entier ?
Je m'étonne enfin qu'à la tribune de la Chambre des députés , à la remarquable séance du 25 avril , M. le ministre
de l'intérieur ait accusé M. Madier de ne point respecter
assez la chose jugée ; qu'il ait avancé et soutenu que Trestaillons avait été jugé et acquitté. M. le ministre devrait sa-

voir, nous savons tous que Trestaillons, traduit à Riom, ne fut pas même mis en accusation ; que la chambre du conseil du tribunal de première instance, n'ayant pu entendre des témoins à charge qui n'osaient se présenter devant la justice, mit Trestaillons en liberté, sur le vu d'un certificat de bonne conduite qui lui avait été délivré par les autorités locales et quelques habitans de Nîmes auxquels on l'avait arraché.

Avant que la France entière eût livré sa liberté au profit du ministère, l'autorité manquait peut-être d'un moyen légal pour délivrer les victimes de l'aspect des bourreaux ; mais aujourd'hui ce prétexte n'existe plus.

La loi sur la liberté individuelle a-t-elle été faite pour les écrivains ou pour les machinateurs ? Serai-je emprisonné pour avoir écrit cette lettre ? M. Madier pour sa pétition ? Et Trestaillons et ses émules resteront-ils libres, parce qu'ils ne sont point suspects ?

Si ces choses étaient, notre situation serait aggravée ; mais devons-nous d'avance nous abandonner à la terreur ? et parce que nos malheurs ont été grands, est-il probable que le gouvernement consente à nous abandonner, qu'une grande catastrophe puisse avoir lieu dans le Gard, que les protestans en soient les victimes, comme ils le furent en 1815 ?

Je ne crains point d'avancer et de soutenir le contraire.

Ce qui fait la force de la faction des ultra-monarchistes dans nos départemens, c'est la pensée qu'ils pourraient être appuyés par le ministère. Mais le ministère, qui peut favoriser leurs jactances, leurs succès d'opinion, parce qu'il en reçoit un accroissement de forces pour les nouvelles combinaisons du système qu'il a adopté depuis peu, le ministère, dis-je, ne saurait avoir intérêt à l'entier accomplissement de leurs desseins. Il peut bien vouloir régner momentanément par l'arbitraire ; il ne veut pas persécuter, et il sait que les révolutions naissent de la persécution. Jamais il ne pourra être dans l'intérêt d'aucun ministère, les hommes les plus remarquables par leur exagération y fussent-ils portés, de favoriser le pillage des propriétés, le massacre des citoyens. Les résistances s'organiseraient bientôt, et la France entière deviendrait le théâtre de la guerre civile. Un ministère anglais pourrait seul concevoir un pareil projet ; mais il ne pourrait l'exécuter.

Il ne le pourrait pas. Qu'on ne s'y méprenne plus : nous sommes loin de 1815. Lorsque douze cent mille étranger envahissaient notre territoire, que la loi du plus fort était la seule loi ; que tous ceux qui avaient cédé aux opinions du gouvernement des cent jours avaient sujet de trembler et fuyaient ; alors, l'effroi a pu gagner toutes les classes de citoyens protestans. Tous ont pu être excusables de chercher un asile loin de leur cité inhospitalière. Les désastres de la France légitimaient en quelque sorte leur terreur. Après le grand naufrage de la Loire, et dans l'ignorance du sort que les alliés réservaient à la patrie, quelle ame pouvait être sans effroi ?

Penserait-on qu'il en fût de même des assassins ? Convaincus qu'ils seraient puissamment secondés par les alliés dès qu'ils feraient entendre une accusation de Bonapartisme, sûrs de l'impunité que des voix puissantes leur prophétisaient, ils allaient frappant sans pitié comme sans remords aux noms de Dieu et du Roi qu'ils profanaient.

Quel spectacle différent s'offrirait maintenant dans le Gard si l'on y reprenait les armes! Une population entière, instruite par le malheur, est pénétrée de ces vérités, que la résistance qui l'aurait sauvée en 1815 la sauverait aujourd'hui ; que le courage vaut mieux que le nombre ; que l'oppression n'est point un gouvernement. Ils le savent si bien, les chefs de ceux qui menacent leurs victimes de cinq ans, qu'ils tremblent en excitant le peuple à de nouveaux excès.

Ils tremblent, parce qu'ils savent que la justice sera toujours pour ceux qui au mois de mars 1819 disaient, à la foule des protestans indignée des outrages qu'on leur prodiguait : Du calme, de la modération ; point d'insultes : attendez d'être frappés pour répondre.

Ils tremblent, parce qu'ils savent que l'indignation de leur présence existe toujours ; mais que la terreur est passée. Plus d'alliés, plus de désordres résultans d'un changement de gouvernement, plus de fuite inspirée par de fausses alarmes, plus de prétexte aux assassinats. Il faudra, si l'on veut du sang, attaquer de front des gens qui sauront, cette fois, vendre chèrement leur vie.

Ils tremblent, parce qu'ils sont assurés que, quelle que soit l'étendue de leurs moyens, de leurs préparatifs, la certitude d'un sort commun, inévitable, affreux, réunira tout-à-coup tous ceux qui tiennent à leurs victimes pour en faire un faisceau, qu'il faudra briser à la fois.

Ils tremblent, parce qu'ils craignent qu'au jour de cette grande catastrophe le gouvernement soit éclairé sur leurs intentions perfides, sur leurs complots homicides, sur leurs services empoisonnés ; et qu'une éclatante justice ne soit enfin rendue à qui l'aura méritée.

Ils tremblent, mais ils menacent encore. Une main égarée, un insensé qu'ils auront stipendié, peuvent frapper un courageux magistrat, peuvent me frapper. parce que nous avons dit la vérité. Un pareil événement même ne serait point étonnant. Prouverait-il moins de terreur chez eux, plus d'injustice dans la cause que nous défendons ! ! !

Habitans du Gard, échappés aux fureurs de 1815, ne vous plaignez point de mon zèle si j'ai dit que vous étiez forts et instruits par vos souvenirs. Qu'une voix timide ne dise point que je vous compromets. Je ne compromets que ma vie. En parlant ce langage, je crois vous avoir rendu un plus grand service que si j'eusse plaint vos malheurs. Une voix éloquente a dénoncé ceux qui conspirent contre votre repos, contre votre existence; sensible à vos infortunes, elle en a rappelé le déchirant tableau, conjurant le ministère d'en prévenir le retour. Eh bien ! moi j'ai placé ma confiance en vous-mêmes. J'ai pensé qu'éclairés de vos propres ressources, vous ne vous abandonnerez point à de vaines terreurs. J'ai pensé que votre attitude calme ferait plus d'impression sur vos ennemis que les ordres même du ministère.

C. O. Barbaroux,
avocat près la cour et les tribunaux,
à Nîmes.

PÉTITION

Adressée à la Chambre des Députés par les veuves, mères, enfans ou héritiers de plusieurs victimes de la réaction de 1815, TOUS HABITANS DE LA VILLE DE NIMES.

MESSIEURS LES DÉPUTÉS,

Qu'une seconde fois, dans cette mémorable session, vos regards et votre sollicitude se tournent vers la malheureuse ville de Nîmes. Des mères, des épouses, des filles en pleurs, viennent déposer leurs douleurs et leurs espérances dans le sein de la représentation nationale. Leurs pères, leurs époux, leurs fils, sont morts assassinés. Un peuple entier a été témoin de leurs derniers momens !

Les assassins vivent impunis. Depuis cinq années, ils bravent chaque jour, d'un sourire insultant, les larmes des veuves et des orphelins qu'ils ont faits. Cette scandaleuse impunité, contre laquelle le désespoir a été impuissant, ils la proclament hautement ; ils fondent sur elle la criminelle espérance de l'impunité future pour les excès à venir. Ainsi se perpétuent les projets des méchans.

Le citoyen paisible, qui chaque jour rencontre sur ses pas, et triomphans, ceux qu'il a pu entendre se vanter de plusieurs meurtres, tremble qu'ils ne reprennent le fer. Dans l'avenir, il redoute tout. Ainsi se perpétuent les craintes des bons.

Le peuple qui voit flétrir le malheureux affamé qui dérobe une gerbe de blé, et qui regarde marcher la tête haute ceux dont les mains sont teintes du sang innocent, se demande si les grands crimes sont à l'abri de l'action des lois ? Ainsi est anéantie la morale publique.

C'en serait assez pour faire naître les méfiances et entretenir la discorde dans notre département, si déjà des opinions opposées n'y étaient pas continuellement en contact. Ces opinions s'emparent de l'audace des uns , des craintes des autres , de la terreur de tous, et les partis se séparent et s'exaltent toujours davantage. Plus d'espoir de les désarmer sans un grand acte de justice.

C'est en vain que des magistrats vertueux ont été donnés au peuple : les uns ne se sont point pénétrés dans son véritable esprit , les autres ont fait d'inutiles tentatives pour diriger cet esprit, qui toujours a résisté à leurs efforts. S'ils n'ont point désespéré de cimenter l'union, c'est qu'ils ont pensé que l'heure de la justice sonnerait enfin. Ils ont pensé que la loi séparerait de la société quelques hommes sur lesquels une opinion s'aveugle, parce qu'elle les croit victimes de la calomnie , tandis qu'une autre opinion étend involontairement leur complicité à ceux dans les rangs desquels ils se trouvent.

Que la loi frappe les assassins : ceux qui se déclarent aujourd'hui leurs partisans, alors convaincus de leur criminalité , ne voudront plus être flétris de leur amitié.

Que la loi les frappe : les amis et les frères de leurs victimes, ne voyant plus leurs concitoyens fraterniser avec le crime, cesseront de les éviter avec effroi.

Alors seulement l'union deviendra possible.

Jusque-là, on pourra bercer l'autorité des mots de calme et de tranquillité, et l'aveugler sur les véritables dangers de notre situation ; la discorde n'en restera pas moins en sentinelle sur la limite de notre département, prête à transmettre jusqu'au plus obscur citoyen toutes les exagérations de la politique, toutes les fureurs de l'esprit de parti.

Que la loi les frappe : des mères , des épouses, des enfans , depuis cinq années abreuvés d'amertume, forcés de douter de la justice qui semble les avoir abandonnés, livrés à la misère et au désespoir, ne seront plus des calomniateurs lorsqu'ils raconteront , en versant des larmes , la mort de ceux qui leur furent chers ; la douleur qui s'use à la longue ne sera plus ranimée par la présence des meurtriers. Des haines ne seront point léguées aux orphelins comme le plus précieux héritage.

Que la loi les frappe :

Les crimes ont été commis.

Le sang innocent crie vengeance.

Les assassins seront nommés.

Les preuves ne manqueront pas !

Messieurs les députés, un affreux tableau va être déroulé sous vos yeux. Nous le ferons en peu de mots : la dignité même de la chambre nous commande d'abréger ce funeste récit. Cependant, réduits à vous fatiguer de ces cris, nous devons désirer qu'ils retentissent dans toute la France. Il faut que tous les hommes de bien deviennent nos défenseurs, que la patrie entière demande justice pour nous.

François Saussine, ex-capitaine au onzième régiment d'infanterie de ligne, retiré du service depuis l'an 9, a été assassiné aux portes de Nîmes, sur le chemin d'Uzès, le premier août 1815.

Entré au service en 1777, il en était sorti couvert de blessures, dont la dernière, reçue à la bataille de Trébia sous Plaisance, en l'an 7, avait nécessité sa retraite. Devenu entièrement sourd depuis plusieurs années, il vivait absolument retiré.

Sa femme, après sa mort, fut chassée de chez elle par Truphémy, et Trestaillons s'empara de sa maison pour y loger sa sœur.

Après huit mois de douleur, sa veuve a succombé.

Pierre, Joseph et Antoine Saussine, ses frères, demandent que ses assassins soient enfin jugés.

Pierre Courbert, faiseur de bas, a été assassiné le premier août 1815, à l'enclos du Rey, coin de Fourrat.

Plusieurs hommes venus chez lui sur les quatre heures du soir, l'en firent sortir ; un d'entre eux lui tira un coup de fusil, après quoi les trois autres déchargèrent également leur arme sur lui. Sa fille s'élançait vers son père. Il tombe à ses pieds. Un des assassins la couche en joue : elle est sauvée par un homme qui la pousse dans une porte qu'il ferme sur elle. La foule accourt. La maison de l'infortuné est pillée. Pendant que ces horribles scènes avaient lieu, un monstre tenait le poignard sur le sein de l'épouse et des enfans de la victime.

La veuve, Françoise Capion, mère de deux enfans, demande le jugement de ses bourreaux.

Paul Héraut, tafetassier, est mort assassiné le premier août 1815, à deux heures après midi, vis-à-vis la comédie brûlée. Plusieurs hommes armés de différentes manières, s'étaient présentés chez lui, et lui ayant donné l'ordre de les suivre, Héraut sortit avec eux. Arrivés au coin de l'en-

clos du Rey, d'autres hommes armés accourent. Ils se pré-
cipitent sur lui. Son jeune fils, âgé de neuf ans, avait voulu
suivre son père. Il le vit hacher à coups de sabre. Le cadavre fut horriblement mutilé. Une foule immense fut témoin de cet affreux spectacle.

Sa veuve, Marguerite Loubier, mère de quatre enfans,
en bas âge, demande la punition des cannibales qui ont
déchiré son époux.

Louis Dalbos, appariteur, ancien militaire, fut emmené
de chez lui par une patrouille de la garde nationale, le
27 juillet 1815, à neuf heures du matin. Conduit chez
le commissaire de police du quartier, il fut dirigé vers
la maison commune. A peine avait-il fait cent pas, que
sa jeune nièce, tremblante pour lui, se jette au cou d'un
des hommes qui le conduisaient. Celui-ci la repousse ru-
dement, et aussitôt après Dalbos tombe mort, atteint
d'un coup de fusil entre les deux épaules. Sa sœur accourt,
mais la foule la force bientôt à se retirer. Le cadavre reste
long-temps exposé aux insultes de la populace.

Sa mère, Jeanne Martin, veuve Dalbos, Marie, Paul
et Pierre Dalbos, ses frères et sœur, appellent de nouveau
les regards de la justice sur ce crime.

Antoine Rigaud, cultivateur, a été assassiné près de la
fontaine le 19 août 1815, à dix heures du soir.

Emmené de chez lui par une bande de furieux, il fut
après quelques pas percé de coups. Sa femme accourait :
un sapeur de la garde nationale lui interdit l'approche du
cadavre qu'il gardait.

Sa veuve, Marguérite Salvi, mère de trois enfans en bas
âge, demande justice.

Pierre Lhéritier, ancien sergent-major, et Jean-François Dumas, dit Poujade, furent assassinés à coups de sabre
dans la nuit du 19 août 1815. Dans cette nuit fameuse, les
assassins ne se défirent de leurs victimes qu'avec des armes
blanches.

Poujade fut victime d'un affreux stratagême employé
pour le faire sortir de chez lui. On vient l'appeler pour
porter du secours au corps-de-garde, où, disait-on, on
avait besoin d'une force imposante. Il se hâte de s'y rendre.
A peine sorti de chez lui, dix gens armés l'entourent, le
frappent, il succombe.

Sa veuve, Marthe Combet, mère d'un enfant en bas
âge, et Marguerite Lhéritier, sœur de Pierre Lhéritier, appellent le jour de la justice.

Louis Rambert, tafetassier, est mort le 21 juillet 1815, victime d'une atroce perfidie.

La terreur régnait dans Nîmes. Un prétendu ami de Rambert vient lui prédire des malheurs et l'engager à la fuite. Il s'offre même de le conduire dans un asile sûr. Rambert s'abandonne à lui. Ils sortent : ils passaient devant la maison de son guide, lorsque plusieurs hommes armés en sortirent et assassinèrent Rambert qu'ils dépouillèrent.

Une constitution frêle et un vice de conformation rendaient Rambert impropre à une grande activité. Il n'avait pris ni pu prendre part à aucun événement. Sa veuve ne lui a survécu que peu de temps.

Marie Lanteiresse, sa mère, privée du soutien de sa vieillesse, implore la rigueur des lois contre les meurtriers de son fils.

Pierre Lafosse, faiseur de bas, fut tué dans la nuit du 16 au 17 octobre 1815.

Une troupe armée se porta chez lui. Lafosse effrayé leur donne la clé de ses armoires pour y prendre l'argent qu'il avait. Mais les assassins ne se contentent pas du vol, ils percent Lafosse et pille sa maison.

Les neveu et nièce de Lafosse, ses héritiers, demandent que son sang soit vengé.

André Chivas, cultivateur, fut assassiné dans sa vigne près de Nîmes, au mas de Bonvière, le 18 juillet 1815, entre neuf et dix heures du matin.

Antoine Clof, cultivateur, mari d'Isabeau Chivas, sœur du précédent, fut tué le 18 juillet 1815, à Nîmes, à l'extrémité de l'enclos du Rey, entre neuf et dix heures du matin.

Trestaillons et *compagnie* venaient vers la maison ; Clof s'avança vers eux et leur demanda paix et amitié. Trestaillons le repousse et lui tire à bout portant un coup de carabine, malgré la prière d'un voisin de Clof. Pendant que Clof mourant demandait grâce au ciel pour les assassins, Trestaillons rechargeait tranquillement sa carabine, en disant : « En voici pour un autre ».

Antoine Imbert dit Laplume, mari de Suzanne Chivas, autre sœur d'André Chivas, mourut assassiné le 18 juillet 1815, vers les six heures du soir, au village de Saint-Cezaire peu distant de Nîmes. Il fut horriblement mutilé.

David Chivas, neveu du précédent, fut tué le 21 juillet 1815, à dix heures du matin à Nîmes, près du chemin d'Uzès.

Truphemy eut l'inconcevable cruauté de garder plusieurs jours le cadavre, pour empêcher sa femme d'approcher.

Jacques Imbert, époux d'Isabeau Chivas, nièce des trois premiers, fut tué à l'enclos du Rey, le 1er août, entre onze heures et midi.

Les assassins étaient venus le chercher chez lui. Ils postèrent un d'entre eux pour retenir sa jeune femme, dont les larmes n'avaient pu les attendrir. Bientôt elle entendit quatre coups de fusil et s'échappa des mains de son gardien. Son mari venait d'être tué : les assassins tremblans s'étaient enfuis.

Louis Domeson, beau père d'un des enfans d'Antoine Clof, fut également assassiné le 1er août 1815, sur le Cours entre onze heures et midi.

Claudine Bengnargues, veuve d'André Chivas;

Isabeau Chivas, veuve d'Antoine Clof, et les trois enfans, Mathieu, Mathieu et Marie Clof;

Suzanne Chivas, veuve d'Antoine Imbert, et ses quatre enfans, André, Suzanne, Bellon, Annette Imbert,

Marie Suchet, veuve de David Chivas, mère de deux filles en bas âge;

Isabeau Chivas, veuve de Jacques Imbert, mère de deux enfans en bas âge;

Françoise Domeson, épouse de Mathieu Clof jeune, fille de Louis Domeson, belle-fille d'Antoine Clof;

Tous membres infortunés de la même famille, demandent que des juges soient enfin donnés aux assassins de leurs époux, de leurs pères.

Mais, en élevant la voix pour demander justice, souffrez, messieurs les députés, que nous vous disions pourquoi nous recourons à votre autorité; souffrez que nous repoussions les attaques qu'un odieux système médite peut-être contre notre juste réclamation.

En nous adressant à vous, nous ne connaissons point la compétence de la Chambre; car nous ne voulons point lui demander de nous donner des juges. Nous ne songeons point à user d'une voix *irrégulière et exorbitante* dans le seul désir de faire un grand éclat.

La déclination des pouvoirs de la Chambre nous est connue, et c'est pour cela que nous venons lui demander le renvoi de notre pétition au ministre de la justice. Nous espérons qu'en passant devant la Chambre cette pétition acquerra assez de publicité pour qu'on ne réponde pas de nouveau à plusieurs d'entre nous qu'ils n'ont point formé de plainte, assez de poids par le débat public dont elle pourra être l'objet, pour qu'on ne refuse plus de nous écouter.

Nous ne portons point d'accusation en déni de justice ; mais nous aspirons à le prévenir pour la suite.

Et cependant plus d'un parmi nous pourrait élever une voix accusatrice ; plus d'un a fatigué les magistrats de ses réclamations demeurées inutiles.

Le silence de quelques autres pendant des années serait-il un motif de reproche ? On ne sait donc pas qu'à nos chagrins nos persécuteurs ont joint des menaces capables d'arrêter les plus intrépides ; que ces menaces devaient faire plus d'impression sur ceux qui avaient été témoins des actions ?

Et que voudrait-on, d'ailleurs, que des veuves et des orphelins eussent fait, lorsque la magistrature opposait à toutes leurs démarches une force d'inertie inconcevable ; lorsque notre procureur du Roi lui-même s'effrayait de son arriéré ?

Les lois ordonnent de poursuivre d'*office* les crimes reconnus ou seulement dénoncés ; cependant on a fait dépendre la justice d'une considération, c'était que nous nous constituassions parties civiles ; et l'on savait que la plupart de nous, ruinés par le pillage, ne pouvaient faire face au frais de la procédure. Ainsi notre misère a été un titre de plus à l'impunité des meurtriers. Ces assassins enrichis n'ont plus à craindre que les victimes qu'ils avaient dépouillées les poursuivent elles-mêmes. Ils ont donc pu rendre grâce à la justice, et nous avons dû croire qu'elle n'existait plus.

Quelle impression funeste ne veut-on point qu'ait produit sur notre esprit, sur celui de tous les Français, cette décision de la chambre du conseil du tribunal de première instance de Riom, qui décharge Jacques Dupont dit Trestaillons traduit devant elle, de la prévention portée contre lui, sur le motif qu'aucun témoin à charge n'a comparu (des menaces les retinrent à Nîmes), et sur le vu d'un certificat de bonne conduite qui lui fut délivré par les autorités locales et des citoyens de Nîmes auxquels il avait, sans doute, été arraché ? Mais quelle impression plus funeste encore n'a point fait le discours de M. le ministre de l'intérieur à la séance mémorable du 25 avril, lorsque, accusant un magistrat de ne point respecter assez la chose jugée, il a soutenu que Trestaillons avait été mis en jugement et acquitté ! Ainsi il a étendu le manteau de la chose jugée sur une simple décision de la chambre du conseil, qui en jurisprudence est sans autorité, et cela en faveur de Trestaillons, et cela contre l'intérêt de la morale, de la justice et du repos d'un département entier. Certes, si cette étrange assertion n'avait pas pour cause une erreur palpable de la part du ministère, il ne nous resterait plus qu'à présenter le sein aux hommes que nous dénonçons.

Il est temps que leur empire cesse. Il est temps que le ministre de la justice, au lieu de *déplorer la fatalité qui l'a empéché jusqu'ici d'atteindre les assassins* (1), donne et fasse exécuter les ordres nécessaires pour qu'on les poursuive, pour qu'on les juge. Les ministres ont toujours assez de force pour se faire obéir, quand ils parlent au nom de la loi. Plus les passions ont été agitées, plus l'empire de la loi doit être inexorable et égale. Les faiblesses font naître de nouveaux excès.

Que peut-on craindre en poursuivant les meurtriers ? Qui osera se déclarer pour eux ? S'ils sont reconnus coupables, ceux qui les protègent aujourd'hui comme des amis persécutés, les repousseront demain ; car on n'accepte pas la fraternité du crime. S'ils sont innocens, réduisez au silence leurs accusateurs. Eux innocens, nous consentons à passer pour calomniateurs. Eux coupables, nos plaintes ne fatigueront plus personne.

Mais aujourd'hui qu'ils sont impunis, menaçans devant nous, qui pourra arrêter nos plaintes et notre désespoir ? qui nous blâmera d'inspirer la vengeance comme un devoir sacré aux rejetons de leurs victimes ? Qui s'étonnera qu'abandonnés de tout ce qui doit protéger les hommes réunis en société, nous doutions encore de la justice et allions publiant son apparente partialité.

On redoute le scandale (2). Et quel plus grand scandale que celui de l'absolue impunité et du mépris fait de nos plaintes depuis cinq années ? Nos députés particuliers, nos magistrats, les ministres, ont été accablés de nos demande. Quels qu'aient été leurs efforts, elles sont demeurées inutiles.

Comment se fait-il que quelques misérables obscurs avant 1815, flétris depuis lors, ignorés dans leur existence actuelle, soient plus forts que les principes, que les lois,

---

(1) Discours de M. le garde des sceaux en 1819.
(2) Discours de M. le ministre de l'intérieur à la séance du 25 avril 1820.

que les ministres qui les condamnent ? Est-ce le nombre des coupables qui effraye ? Et ne sait-on pas que dans toutes les scènes déplorables de Nîmes, quelques brigands célèbres furent toujours les premiers acteurs, les moteurs nécessaires ? Ne sait-on pas que sur cent assassinats, quatre-vingts ont été exécutés par les mêmes mains ?

Bourillon succombe, et son assassin reconnu, condamné, figurera parmi ceux de Saussine, de David Chiras, et peut-être de plusieurs autres. Croit-on que Trestaillons ait acquis une si épouvantable renommée en se baignant dans le sang d'une seule victime ?

Nous ne demandons point un nouveau carnage pour expiation d'un massacre horrible. Nous demandons que ceux que l'on retrouve partout où il y a eu du sang à verser cessent d'inspirer par leur impunité, aux hommes qui les entourent, une confiance entière dans le crime, un mépris absolu pour la loi.

Ils ne sont point en grand nombre ceux qui, tranquilles dans le meurtre, rappelaient leurs complices tremblans, pour marcher vers une autre victime; ceux qui se vantaient d'être autorisés pour la persécution. Les frapper, c'est désabuser, désarmer leurs satellites subalternes, dissiper l'effroi des citoyens paisibles, répondre éloquemment à la calomnie qu'ils profèrent, en disant qu'ils furent commandés dans leurs horribles exécutions. Les laisser impunis après la démarche solennelle que nous faisons aujourd'hui, c'est accepter une effrayante responsabilité.

On nous dit : (1) « *Craignez de rallumer par une information solennelle les haines assoupies, les passions presqu'éteintes* ». On se trompe; les passions ne sont point éteintes : elles ne s'éteindront qu'au jour où la justice aura tout nivelé. Les haines ne seront assoupies que lorsque les assassins auront passé sur le banc des accusés. Alors, s'il en est d'exempts des rigueurs de la loi, nous pourrons croire que nous étions dans une erreur déplorable. Alors la population entière du département, certaine que toute nouvelle tentative de crime ne sera plus impunie, s'abandonnera à la sécurité. Alors les haines s'assoupiront, les passions s'amortiront. Jusque-là, vous les comprimerez sans les éteindre jamais, et vous aurez sans cesse à redouter qu'elles n'échappent à votre pouvoir.

Pour nous, de quel droit veut-on nous imposer silence ?

______

(1) Discours de M. le ministre de l'intérieur à la séance du 25 avril 1820.

Notre devoir le plus sacré n'est-il pas de demander la réparation du tort fait à nos enfans, de proclamer hautement nos infortunes jusqu'au moment où la justice aura satisfait aux mânes de ceux que nous pleurons?

On ignore sans doute que depuis cinq ans plusieurs familles sont hors de la société, que des morts qui ont eu lieu à la face du monde, sont considérées comme incertaines ; parce qu'aucun acte public n'en faisant foi, elles ne sont point inscrites sur les registres de l'état civil. L'exercice de nos droits civils restera suspendu jusqu'à ce qu'une enquête solennelle soit faite pour constater ces décès, et notre misère nous interdit cette formalité. Mais si nous prouvons un jour devant les tribunaux qu'ils ont eu lieu par suite d'assassinats, le ministère public pourra-t-il rester impassible, ou bien est-il décidé que des familles entières resteront privées de leur état civil, jusqu'à ce que la prescription pénale soit acquise aux assassins ?

Lorsque le gouvernement réclame la confiance de tous, nous devons l'éclairer sur ces grandes injustices. Et si déjà quelqu'ami de l'humanité a courageusement préludé à nos plaintes, osera-t-on dire pour cela que notre pétition est suggérée par l'esprit de parti, inspirée par l'intrigue? Pour le plaisir des discussions, calomniera-t-on tous les sentimens de la nature? Cette tactique, dont le but est de faire repousser la vérité, nous ne la redoutons point. Nous sommes des mères, des épouses, des enfans, qui demandons justice du sang répandu. Nous avons porté nos plaintes partout, partout elles ont été repoussées. Fallait-il donc que nous obligeassions la justice à nous entendre ?

Si nous eussions conçu la pensée d'un grand scandale, il nous eût été facile de multiplier nos plaintes, de peindre tous les refus que nous avons éprouvés, de raconter avec leurs affreuses circonstances les crimes dont nous demandons la punition. Il nous eût été facile de réunir tous ceux qui sont dans la même position que nous, pour présenter à la fois à la chambre le tableau complet des massacres du Gard. Il nous eût été facile de donner un poids plus grand à notre réclamation, en offrant à la chambre une masse imposante de pétitionnaires. Mais sans rechercher l'oubli, nous avons fui l'éclat. Nous avons demandé justice, nous ne voulons que la justice.

Messieurs les députés, dans l'espérance que l'opinion de la chambre aura une puissante influence sur le sort des pétitionnaires ;

Que le ministère renonçant à laisser impunis les crimes les plus remarquables, commis dans le Gard en 1815, donnera enfin des ordres pour qu'ils soient poursuivis d'office ;

Que les plaintes une fois portées ne demeureront plus impoursuivies et oubliées dans les portefeuilles ;

Que l'on permettra aux pétitionnaires de nommer les assassins devant les tribunaux et d'administrer leurs témoins ;

Les soussignés, déjà nommés ci-dessus, vous supplient de considérer que si, depuis cinq ans, ils pouvaient s'adresser aux tribunaux pour demander justice ;

Que si, après avoir vainement tenté cette voie, ils pouvaient recourir à l'autorité du ministère de la justice ;

Que si, dans le cas de refus de la part du ministère, ils pouvaient s'adresser aux Chambres ;

Il n'est pas moins vrai que toujours un Français peut recourir aux Chambres pour des motifs d'ordre public et pour cause d'inexécution des lois ;

Que c'est aux Chambres surtout qu'il doit s'adresser pour que son état civil soit fixé lorsqu'il est illégalement suspendu ;

Ils vous supplient de considérer encore qu'il a existé un refus tacite ou une impossibilité morale, et de la part du ministère et de la part des tribunaux, de poursuivre les auteurs des désastres de Nîmes en 1815 ;

Que ce refus, cette impossibilité, sont assez prouvés par le seul laps de cinq années écoulées sans poursuite contre des hommes depuis long-temps dénoncés ou désignés par la notoriété publique ;

Que l'autorité de la Chambre peut faire disparaître ces obstacles, en obtenant du ministère qu'il donne enfin des ordres pour que les assassins soient traduits devant les tribunaux et poursuivis d'office ;

Qu'enfin, plusieurs des pétitionnaires ont épuisé tous les moyens légaux de faire accueillir leurs plaintes ;

Que conséquemment la Chambre est compétente pour connaître de la présente pétition, qui tend à provoquer l'exécution de la loi ;

Les pétitionnaires, veuves, mères, enfans, frères, sœurs

ou héritiers de quinze victimes, vous conjurent donc d'en ordonner le renvoi au ministre de la justice.

Jean Dumas dit Poujade, et Marthe Fabre, père et mère de Jean-François Dumas dit Poujade, joignent leur réclamation à celle de la veuve de cet infortuné.

Ils ont l'honneur d'être, avec un profond respect,

Messieurs les Députés,

Vos très-humbles et très-obéissans serviteurs,

Signé, SAUSSINE, MARIE LANTEIRESSE, ELIE LAFOND, V. COURBERT et PIERRE DALBOS.

A Nîmes, le 14 mai 1820.

En qualité de procureur fondé spécial de Marguerite Loubier, *veuve* Héraut; Jeanne Martin, *veuve* Dalbos; Marguerite Salvi, *veuve* d'Antoine Rigaud; Marguerite Lhéritier, *sœur* de Pierre Lhéritier; Marthe Courbert, *veuve*; Jean Dumas, *père*, et Marthe Fabre, *mère* de Jean-François Dumas dit Poujade; Magdeleine Lafond, *nièce* de Pierre Lafond; Claudine Bériguargues, *veuve* d'André Chivas; Isabeau Chivas, *veuve*; Mathieu, Marie Clof, *celle-ci autorisée*, enfans d'Antoine Clof; Suzanne Chivas, *veuve*; André Imbert, Suzanne Bellon, Annette Imbert, *autorisées*, enfans d'Antoine Imbert dit Laplume, Marie Suchet, *veuve* de David Chivas; Elisabeth Chivas, *veuve* de Jacques Imbert; Françoise Domeson, *épouse* de Mathieu Clof, *de celui-ci autorisée*, fille de Louis Domeson. Par acte aux écritures de M. Gide et son collègue, notaires à Nîmes, à la date du 11 mai 1820, dûment enregistré.

C. O. BARBAROUX, *avocat près la Cour royale et les tribunaux de Nîmes.*

MADIER DE MONTJAU, *Chevalier de la Légion d'honneur*,

A M. LAINÉ, *Ministre d'état, membre de la Chambre des députés.*

> « Les vrais citoyens craignent les exceptions, et qui
> « craint les exceptions aime la loi. Chez les puissans
> « c'est toute autre chose; ils veulent des lois pour
> « se mettre en leur place et pour se faire craindre
> « en leur nom. Comme ils parlent toujours des
> « principes même en les violant, quiconque ose les
> « défendre contr'eux est un séditieux, un rebelle ;
> « il doit périr. S'ils ont besoin d'appui, partout ils
> « en trouvent, car c'est une ligue naturelle que
> « celle des forts, et ce qui fait la faiblesse des faibles,
> « est de ne pouvoir se liguer ainsi.
> « Le vrai chemin de la tyrannie c'est d'attaquer suc-
> « cessivement tous les défenseurs de la liberté, et
> « d'effrayer quiconque pourrait aspirer à l'être. Si
> « celui qui ose parler est écrasé dans l'instant même,
> « où seront ceux qui voudront l'imiter, et quel sera
> « l'organe de la généralité quand chacun gardera le
> « silence. Il faut donc sévir contre les courageux, et.
> « être juste avec les timides, jusqu'à ce qu'on puisse
> « être injuste avec tous impunément. »
>
> J.-J. ROUSSEAU, *lettres de la Montagne.*

MONSEIGNEUR,

LE public a remarqué avec étonnement le silence obstiné
des orateurs ministériels, et des ministres eux-mêmes, sur
plusieurs points importans de ma pétition ; je ne pense pas
que le parti qu'ils ont adopté, leur ait été bien utile, et

que ma pétition puisse être mieux défendue qu'elle ne l'a
été, que par leurs attaques et leurs allégations toutes dé-
nuées de preuves : leur situation actuelle étant extrêmement pénible, je ne veux attribuer qu'à cette cause, le
vague et la faiblesse des réponses qui m'ont été faites.
Jamais on ne pourra affaiblir ce que j'ai dit sur l'existence
du gouvernement secret, sur les circulaires et les moyens
d'en atteindre promptement les auteurs ; sur les bouche-
ries de Nîmes, et sur les dangers de laisser impunies tant
d'horreurs dans les circonstances actuelles; mais sur d'autres
points, il peut être moins difficile d'ébranler ma conviction, et celle du public.

Par exemple, monseigneur, cette garde nationale de
Nîmes où l'on comptait un grand nombre d'hommes honnêtes, mais où s'étaient introduits tant d'hommes dangereux, aurait-elle agi dans des intentions ou par des ordres
qui puissent la justifier et changer notre opinion à son
égard? Que ne le dites-vous ? Dans ma pétition, je vous ai
adjuré de déclarer si son rétablissement n'aménerait pas la
guerre civile, et vous n'avez pas daigné vous arrêter un
seul instant à cette question. Vous avez repoussé les éloges
que plusieurs de vos collègues vous ont donnés pour l'avoir
fait licencier, et vous vous êtes empressé, pour vous
purifier de ces éloges, d'invoquer la responsabilité minis-
térielle.

Quant à moi, monseigneur, qui suis très-certain, très-
convaincu que vous avez dit et ÉCRIT : La garde nationale
« du Gard a été mal organisée, elle ne s'est opposée à au-
« cun excès, et je reconnais qu'il n'y aura ni tranquillité,
« ni élection libre dans le Gard qu'après sa dissolution, »
je suis persuadé que c'est à vous seul que doit être attribué
presque tout le mérite ou le blâme de cette grande mesure.

Il est possible, que mieux instruit, depuis cet événement, des motifs et des sentimens secrets de la garde na-

tionale , vous soyez convaincu des grands avantages de son rétablissement ; il est possible que votre *conscience mieux éclairée* , vous ait inspiré le désir de réparer l'injustice dont vous fûtes l'innocent instrument. Quelques mots de votre part pourraient ouvrir nos yeux , et dissiper nos préventions , et cependant , vous ne nous dites pas si vous persistez dans votre ancienne sévérité pour la garde nationale de Nîmes, ou si le ciel a illuminé et changé votre esprit à son égard ; vous vous jetez dans un compte de fusils , comme si chacun ne savait pas que la garde nationale a rendu un nombre de fusils égal en effet à celui des hommes portés sur son contrôle , et que néanmoins , elle est encore armée.

Daignez , monseigneur , expliquer au public le soin qu'ont mis aussi tous les écrivains, les orateurs ministériels et les ministres, à ne pas répondre à ce long passage de ma pétition où j'ai cru devoir blâmer sans crainte les adresses aussi dangereuses que violentes , de plusieurs Cours royales du midi.

Au lieu de réfuter ce passage si clair, vous avez dit , monseigneur, sans être arrêté par la crainte d'attirer sur moi l'injuste animadversion d'une foule de magistrats , qui peuvent n'avoir pas lu ma pétition , et avoir lu votre discours ; vous avez dit *que je recusais les tribunaux de toute une vaste région.* Et d'abord , il est incontestable que je n'ai pas eu l'intention de frapper du même blâme l'adresse de la Cour , à laquelle j'ai l'honneur d'appartenir , puisque cette adresse s'est renfermée sagement dans le langage de la douleur.

Prenez la peine de jeter les yeux sur les trois pages commençant à ces mots : « des magistrats égarés par des traditions funestes........ » et vous n'y trouverez pas un mot, une syllabe qui puisse autoriser votre grave accusation ; à des magistrats qui ne savent manifester le regret du passé qu'en alarmant l'avenir ; à des magistrats qui paraissent regretter les prérogatives des parlemens, j'ai proposé l'exemple des vertus qui ont mérité à ces grands corps de magistrature, la reconnaissance des peuples. Et certes, je me rends ce témoignage d'avoir parlé de nos devoirs et de nos attributions avec des égards et une modération dont le mérite serait mieux apprécié si l'on connaissait tous les sentimens d'indignation et de douleur qui déchirent mon ame, quand je vois la France menacée par le concordat du chancelier Duprat, et quand je vois, au mépris de cent arrêts reparaître un ordre régicide fléau de la morale et des mœurs.

Plusieurs personnes ont répandu que vous aviez une tendresse toute paternelle pour ce concordat restauré sous votre ministère ; je sais que votre ame compatissante a souvent accordé sa pitié au sort des pères de la foi ; mais vous savez aussi, monseigneur, combien sont excusables les magistrats qui pensent, ainsi que moi, que les traditions héréditaires des parlemens méritent quelque respect.

Je soupçonne que vous avez trouvé des raisons nouvelles propres à convaincre l'ignorance et tous nos parlemens et les Pascal et les Bossuet ; je soupçonne que des documens historiques, inconnus jusqu'ici, ont tout-à-coup dissipé les préjugés de votre jeunesse, et MIEUX ÉCLAIRÉ VOTRE CONSCIENCE ; je ne conteste pas le miracle, mais j'en attends impatiemment la preuve.

Jusqu'alors, monseigneur, résignez-vous aux *méfiances du magistrat pétitionnaire*, lequel n'accuse pas la justice, lequel n'accuse pas les magistrats d'une vaste contrée, mais qui prouve par des faits et des raisonnemens clairs comme la lumière, que le système funeste de certains ministres, leur inhabileté, leurs incertitudes d'abord, puis leur dévouement soudain, inattendu, monstrueux pour des hommes repoussés par la France , a donné partout à une faction cruelle une force aussi terrible qu'évidente.

Mes craintes seraient moins vives, monseigneur , si tous nos hommes publics possédaient une réputation aussi glorieuse que la vôtre, et avaient su faire estimer leur caractère personnel. Quand vous êtes venu avouer avec une modestie si touchante et si noble que malgré votre génie et la droiture de vos intentions, vous aviez failli en proposant et défendant la loi du 5 février, chacun vous a comparé à Fénélon montant en chaire pour condamner son propre ouvrage ; mais doit-il rester de grandes espérances aux défenseurs d'une sage liberté dans un pays où ceux qui ont commué la déportation en la peine de mort, peuvent impunément se proclamer les plus propres à gouverner et à calmer une nation qui a horreur de l'arbitraire. Je sais tout ce qu'il faut craindre de ces apostats politiques qui croient n'accorder jamais assez de violences pour garantie de leur conversion. Je ne me fais point illusion sur les dangers qui menacent tous les citoyens honorables chez un peuple dont les représentans sont réduits à endurer, non pas seulement de dégoûtantes palinodies, mais les remontrances hautaines et insultantes de certains hommes qui exigent le renversement des lois qui furent leur ouvrage, avec la même ardeur et la même assurance qu'ils montraient naguère pour en obtenir l'établissement. Bravant l'opinion publique à laquelle ils ont donné le droit incontestable de les accuser d'une incapacité ou d'une mauvaise foi également effrayantes , ils traitent de démagogie, d'anarchie la persévérance dans des opinions qui, hier encore , étaient les leurs. Que dis-je ! Ils parlent de conscience........ Un rayon de la grâce d'en haut y a répandu des clartés nouvelles...... il faut croire à cette révélation céleste dont ils ont seuls reçu le bienfait, il faut y croire sous peine d'être traités de factieux et d'impie.

Je sais le sort que préparent aux citoyens généreux, ces

hommes au cœur de fer qui, en attendant que les massacres de Nîmes recommencent, écrivent avec une atroce impudence que ces massacres ont été DE JUSTES REPRÉSAILLES : je vois le sort de mon pays et le mien ; néanmoins je continuerai à dire la vérité hautement et vous ne trouverez pas, monseigneur, que cette fermeté soit bien méritoire. Ah ! quand la France sera livrée à ces *honnêtes gens* qui m'ont retiré le titre de royaliste parce que j'ai horreur des assassins et des factieux : quand elle sera sous le joug de ces grands hommes d'état qui proclament que l'inquisition n'a été vaincue que faute d'un assez grand nombre de bûchers et de bourreaux, que restera-t-il dans cette pauvre France qui puisse beaucoup attacher à la vie les vrais amis de la liberté et du roi, tels que vous, monseigneur, et moi ?

Il me reste à vous parler, monseigneur, de ce que vous avez cru devoir dire, touchant l'existence d'un gouvernement occulte.

Que M. de Labourdonnaye (aux grossières injures de qui je ne veux ni ne dois répondre, parce que ses insultes n'honorent pas moins que celles du *Drapeau Blanc* ou de la *Quotidienne*) ; que M. de Labourdonnaye, dis-je, ait laissé prononcer la clôture sans élever de réclamations, et que sans un discours prétendu destiné à la chambre, et inséré dans le *Drapeau Blanc*, il se soit abandonné à tout son délire, cela se conçoit ;

Que sans s'étayer même d'un commencement de raisonnement, M. de Labourdonnaye crie à l'impiété quand je parle d'un gouvernement occulte ; qu'il ait la hardiesse de se retrancher derrière des noms sacrés, et d'exhaler son indignation factice, comme si j'avais eu la sacrilège audace d'attaquer ces noms révérés, soit directement, soit indirectement par des insinuations criminelles, cela se conçoit encore : une cause désespérée ne peut être défendue par

(73)

d'autres moyens, M. Labourdonnaye rappelle à la mémoire
Cottin qui accusait aussi Despréaux de conspirer contre le
trône et l'autel pour avoir prouvé que ses sermons étaient
détestables.

> « Qui méprise Cottin, n'estime point son roi
> « Et n'a, selon Cottin, ni Dieu, ni foi, ni loi. »

Mais qu'un homme tel que vous, monseigneur, possé-
dant un talent très-remarquable, ayant occupé long-temps
un poste élevé, entreprenant devant la plus auguste
assemblée, de calmer des alarmes hautement manifestées
sur une faction en conspiration permanente, ne repousse
pas ces accusations, soit en disant qu'aucune probabilité
ne les accompagne, soit en disant et en prouvant que les
hommes accusés de correspondance factieuse n'ont jamais
jusqu'ici excité de si étranges soupçons, soit enfin en disant
qu'on doit suspendre ces opinions et ces craintes jusqu'à ce
que de nouveaux éclaircissemens aient été fournis;

Que cet orateur sous le ministère duquel fut découverte
et publiée la conspiration de la note secrète encore plus
effrayante et plus criminelle que celle que j'ai dénoncée,
oublie toutes les raisons qu'il a fournis lui-même à l'opinion
publique de croire à l'existence de grands conspirateurs;

Qu'il oublie enfin qu'à l'époque où *ses* terribles révélations (car elles lui appartiennent bien ainsi qu'à tout le
ministère d'alors) annoncèrent à la nation que ses plus cruels
ennemis allaient être trouvés peut-être parmi les hommes
à qui les bienfaits multipliés de nos princes imposaient plus
étroitement l'obligation d'être fidèles à la patrie;

Qu'il oublie qu'à cette époque personne n'eut l'atrocité
et l'absurdité de dire ou seulement d'insinuer que des per-
sonnages augustes avaient vu sans douleur cette coupable
tentative;

Que cet orateur se croie autorisé à se proclamer le champion et le défenseur de ces hautes renommées, qui se défendent assez par elles-mêmes. . . . . l'imagination demeure confondue d'étonnement et de douleur !

J'ai dit, monseigneur, et je répète qu'un des principaux auteurs des circulaires 34 et 35, avait aussi joué un grand rôle dans les Notes secrètes, et qu'il avait déploré, en termes atroces, la conservation du maréchal Soult; j'ai offert de le nommer quand la conspiration de la Note secrète serait poursuivie.

Tout Paris a reconnu ce malheureux sans que je l'aie nommé; mais, lors même que je n'aurais pas dit avec autant de clarté, que le principal coupable était un simple particulier, quoiqu'occupant un rang distingué dans la société, l'énormité même de l'accusation aurait empêché la pensée de s'égarer.

Et c'est vous, ministre du roi, qui n'avez pas perdu tout souvenir de la note secrète, vous qui avez lu ma pétition, puisque vous en parlez, qui vous dispensez d'abord d'une question claire et positive pour lutter avec une chimère horrible ?

Sentant bien qu'aucun motif n'autorise votre dangereuse digression, vous êtes réduit à dire « l'ame se soulève « malgré soi sur ce qu'on *débite,* sur ce qu'on laisse *péné- « trer* au sujet d'un gouvernement occulte. ». . . . . .

Ce qu'on débite, ce qu'on laisse pénétrer. . . . . . . fait-on encore allusion à de nouveaux propos de tavernes, aux folies d'un autre mendiant en démence ? ?

Ce qu'on débite, ce qu'on laisse pénétrer, selon vous, est-il dans ma pétition dont vous aviez à parler ? ?

Ce qu'on débite, ce qu'on laisse pénétrer...... voilà donc le seul droit que vous aviez de vous lancer dans le scandale de cette digression ? ? ? allez, monseigneur, laissez en paix cette auguste douleur qui est respectée et partagée par toute la France, et qui n'a pas besoin d'être protégée par votre éloquence.

Le respect que nous devons à la famille de nos rois, et que je sens plus vivement que personne , m'a paru tellement blessé, tellement méconnu dans cet étrange passage de votre discours que je n'ai pu m'empêcher d'en témoigner ma douleur ; cette douleur l'a emporté de beaucoup sur la satisfaction de voir l'impuissance où sont déjà les plus habiles orateurs , de répondre autrement que par de vaines déclamations à ce que j'ai avancé sur les hommes de circulaires et de notes secrètes.

Comme pour exercer votre esprit et lui donner du ressort vous avez cherché le secret de ma pétition , des insinuations, des suppositions affreuses ont été par vous exprimées, et vous avez cru tout effacer, en disant que ce n'était qu'une *supposition* et l'énonciation d'une probabilité. . . . .

Que dirait le public, s'il connaissait les relations que j'ai eues avec vous, monseigneur, à Bordeaux en 1811; s'il connaissait les titres que j'ai acquis à votre éternelle estime et peut-être aussi à un sentiment plus tendre..... Mais, j'ai trop de fierté pour vous rappeler ce qu'il vous a plu de bannir de votre mémoire et de votre cœur; j'ai trop de fierté aussi pour croire que j'ai besoin de justification , lorsque les citoyens les plus honorables de la France ont reconnu que ma pétition avait été dictée par l'amour de mon roi et de mon pays .

Je termine cette lettre en formant pour vous des vœux,

à la sincérité desquels vous pouvez croire : je souhaite que votre conscience jouisse toujours du calme que la mienne ne perdra jamais.

J'ai l'honneur d'être, avec une respectueuse considération,

Monseigneur,

Votre-humble et très-obéissant serviteur.

Signé, MADIER DE MONTJAU.

Au Méas par Pierrelatte, 26 mai 1820.

J'autorise et j'invite à imprimer ma lettre ci-dessus à M. Laîné.

Pierrelatte, le 26 mai 1820.

Signé, MADIER DE MONTJAU.

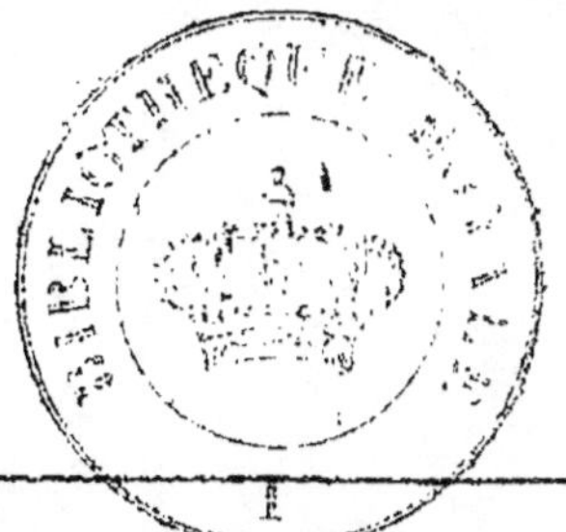

IMPRIMERIE DE MADAME JEUNEHOMME-CREMIÈRE,
rue Hautefeuille, nᵒ 20.